中国—东盟区域发展省部共建协同创新中心、教育部长江学者和创新团队发展计划"中国—东盟区域发展"创新团队、广西壮族自治区八桂学者"中国—东盟大数据研究"专项经费资助

"一带一路"与跨国公司金融管理

陈瑶雯 等◎著

中国社会科学出版社

图书在版编目（CIP）数据

"一带一路"与跨国公司金融管理 / 陈瑶雯等著 . —北京：中国社会科学出版社，2021.9
 ISBN 978 – 7 – 5203 – 8707 – 1

Ⅰ.①一… Ⅱ.①陈… Ⅲ.①跨国公司—企业管理—金融管理—研究—中国　Ⅳ.①F279.247

中国版本图书馆 CIP 数据核字（2021）第 136692 号

出 版 人	赵剑英
责任编辑	陈雅慧
责任校对	王　斐
责任印制	戴　宽

出　　版	中国社会科学出版社
社　　址	北京鼓楼西大街甲 158 号
邮　　编	100720
网　　址	http://www.csspw.cn
发 行 部	010 – 84083685
门 市 部	010 – 84029450
经　　销	新华书店及其他书店

印刷装订	北京君升印刷有限公司
版　　次	2021 年 9 月第 1 版
印　　次	2021 年 9 月第 1 次印刷

开　　本	710×1000　1/16
印　　张	14.5
插　　页	2
字　　数	206 千字
定　　价	78.00 元

凡购买中国社会科学出版社图书，如有质量问题请与本社营销中心联系调换
电话：010 – 84083683
版权所有　侵权必究

目　录

前　言 ………………………………………………………（1）

第一章　"一带一路"倡议与跨国公司 ……………………（1）
　　第一节　"一带一路"倡议下跨国公司发展的背景 ………（2）
　　第二节　"一带一路"倡议下中国跨国公司发展趋势 ……（11）

第二章　"一带一路"倡议与跨国公司的金融服务诉求 ………（15）
　　第一节　跨国公司参与"一带一路"建设的金融服务
　　　　　　诉求 …………………………………………………（16）
　　第二节　跨国公司金融诉求回应的现状 ………………（26）
　　第三节　跨国公司金融诉求回应的远期规划 …………（29）

第三章　"一带一路"倡议下跨国公司融资 ………………（34）
　　第一节　"一带一路"倡议下跨国公司的融资环境 ……（34）
　　第二节　"一带一路"倡议下跨国公司的融资渠道 ……（38）
　　第三节　多举措推进"一带一路"融资支撑体系建设 …（46）

第四章　"一带一路"倡议下跨国公司投资 ………………（49）
　　第一节　"一带一路"倡议下跨国公司投资环境 ………（49）
　　第二节　跨国公司投资方式 ……………………………（57）
　　第三节　促进"一带一路"跨国公司投资 ………………（60）

第五章 "一带一路"倡议下跨国公司面临的国际税收政策与风险 …… （64）
  第一节 "一带一路"倡议下的国际税收政策的现状 ……… （64）
  第二节 "一带一路"倡议下跨国公司面临的税收风险与困境分析 ……… （73）
  第三节 跨国公司国际税收筹划风险规避与策略研究 ……… （78）

第六章 "一带一路"倡议下跨国公司财务风险管理 ……… （82）
  第一节 "一带一路"倡议下跨国公司财务管理 ……… （82）
  第二节 "一带一路"倡议下跨国公司融资风险 ……… （87）
  第三节 "一带一路"倡议下跨国公司投资风险 ……… （91）
  第四节 "一带一路"倡议下跨国公司资金营运风险 ……… （95）
  第五节 "一带一路"倡议下跨国公司收益分配风险 ……… （99）

第七章 "一带一路"倡议下跨国公司的交易风险 ……… （101）
  第一节 跨国公司交易风险的来源及影响 ……… （101）
  第二节 影响"一带一路"倡议下跨国公司交易风险的因素 ……… （104）
  第三节 "一带一路"倡议下跨国公司交易风险的管理对策 ……… （107）

第八章 "一带一路"倡议下跨国公司的经营风险 ……… （114）
  第一节 跨国公司经营风险概述 ……… （114）
  第二节 "一带一路"倡议下跨国公司面临的经营风险 ……… （115）
  第三节 影响"一带一路"倡议下跨国公司经营风险的因素 ……… （118）
  第四节 "一带一路"倡议下跨国公司经营风险的管理对策 ……… （121）

第九章 "一带一路"倡议下跨国公司的折算风险 (126)
  第一节 外汇折算风险及产生原因 (126)
  第二节 跨国公司面临的折算风险的种类 (128)
  第三节 影响"一带一路"倡议下中资跨国公司折算风险的因素 (133)
  第四节 "一带一路"倡议下跨国公司折算风险的管理对策 (135)

第十章 "一带一路"倡议下跨国公司的政治风险 (139)
  第一节 "一带一路"倡议下跨国公司政治风险的含义及产生原因 (139)
  第二节 跨国公司政治风险的主要表现形式 (144)
  第三节 跨国公司政治风险的应对机制 (151)

第十一章 "一带一路"倡议下跨国公司的技术风险 (155)
  第一节 "一带一路"倡议下跨国公司的技术风险概述 (155)
  第二节 跨国公司技术风险预警 (162)
  第三节 跨国公司技术风险管理策略 (168)

第十二章 金融市场与跨国公司投融资 (173)
  第一节 全球金融市场格局 (173)
  第二节 重塑全球金融体系的可行性分析 (178)
  第三节 中国构建新型全球金融市场的具体路径 (183)

第十三章 "一带一路"倡议下跨国公司的投融资决策 (188)
  第一节 "一带一路"倡议下跨国公司的投融资决策概述 (188)

第二节 "一带一路"倡议下跨国公司的投融资方式与
　　　　风险评估 ………………………………………（193）
第三节 "一带一路"倡议下跨国公司投融资决策困境
　　　　及政策建议 ……………………………………（199）

参考文献 ………………………………………………（205）
后记 ……………………………………………………（220）

前　言

八年多来，"一带一路"以其惠及世界的成果促使全球对其信心加倍、态度不断向好，关注点也转移至务实的项目。截至 2019 年 4 月，中国共签署了 187 份"一带一路"合作文件，涵盖 131 个国家和 30 个国际组织，专业领域对接不断升级。"一带一路"建设呈现机制化发展热势，覆盖面不断扩大，包括数字经济、标准联通、税收合作、知识产权、法制合作、能源合作以及农业和海洋合作等方面。海陆空三个层次的互联互通不断加强，成本不断下降，与"一带一路"国家的贸易增速显著高于中国整体对外贸易增速。据统计，截至 2018 年第三季度，中国与"一带一路"沿线各国新签对外承包合同金额超 5000 亿美元，为沿线国家增加就业岗位 24.4 万个，在各国建立境外经贸合作区共 82 个，总贸易额高达 6 万亿美元左右[①]。

"一带一路"合作在政府层面搭台推动外，其主要实施主体跨国公司的作用不断提升。最新一次的高峰论坛创新性地安排企业家大会作为论坛的一项内容，为积极参与的国内外企业提供了沟通交流和对接的平台。企业家大会的关注度较之其他论坛和会议高涨。在"一带一路"具体合作项目中，无论是产业经贸园区的建立，还是大型的基础设施建设，资金需求量大，且建设周期长，因此解决推动"一带一路"发展的金融问题是首要任务。具体而言，作为实施主体的跨国公

---

① 邵文静：《"一带一路"视域下中国企业"走出去"战略探究》，《长春金融高等专科学校学报》2019 年第 2 期。

司在"一带一路"建设中面临着金融管理与金融风险的问题和诉求：第一，跨国公司在前期投资、建设和运营期间面临不同的风险防控和金融诉求；第二，巨大的投资规模将催生包括融资在内的一系列金融服务需求；第三，"一带一路"相关国家的政治、文化地缘等差异也将为跨国企业投资带来巨大风险；第四，国际税收是公司经营成本中必不可少的一部分，中国跨国公司存在进一步完善税收协调体系与反国际避税制度，从而在"一带一路"倡议下减轻国际税收负担的同时，避免税负流失；第五，跨国公司所面对的市场宏观环境充满了不确定性，其财务管理因为"一带一路"沿线国家不同环境和不同政策的影响而面临更大风险；第六，当今国际金融市场日益便捷的交易工具使得国际资本流动频繁，国际货币体系不能形成统一的汇率机制，各国外汇市场动荡不定，可能导致中资跨国公司在使用外汇进行交易结算时出现外汇汇入和汇出不通畅，名义汇率和实际汇率差别较大等情况，使得交易风险增加，带来较大的汇兑损失；第七，汇率变化，以及"一带一路"沿线国家政治环境、文化差异较大，会造成跨国企业面临经营风险；第八，在对子公司财务报表进行折算时汇率的变动产生的折算损益，使跨国公司面临折算风险；第九，"一带一路"沿线的发展中国家普遍存在的法律体系不完善、政局不稳定、大国关系紧张等问题带来政治风险；第十，伴随跨国公司的发展，技术创新国际化水平不断提高，各种创新的技术也成为国际市场上广泛流动的重要要素，跨国公司对知识和创新管理的要求不断提升，因而技术环境、人员环境和资金环境可能会产生技术风险。

本书从以上十个方面，详细、具体地分析"一带一路"下中国跨国公司的跨国金融管理与金融风险问题，并对如何结合当下金融市场的发展做出合理的投融资决策提出看法，助力中国跨国公司更好地服务"一带一路"发展。

本书第一章以"一带一路"倡议为切入点，考察了中国跨国公司发展的背景及发展趋势；第二章从中国跨国公司参与"一带一路"

建设的金融服务诉求出发，探索跨国公司金融服务诉求的互动现状，并对其未来发展趋势及战略进行展望；第三章及第四章详细论述"一带一路"框架下跨国公司的投融资环境与投融资方式，并提出推进"一带一路"投融资支撑体系建设的多重举措；第五章探究"一带一路"倡议下跨国公司面临的国际税收政策与风险，进而提出完善税收协调体系与反国际避税制度等相关策略以规避税收风险；第六章从融资风险、投资风险、资金营运风险及收益分配风险四个角度厘清"一带一路"倡议下跨国公司面临的财务风险，从而明确财务风险来源，制定财务管理策略，加强财务风险管理；第七章至第九章考量"一带一路"倡议下跨国公司的交易风险、经营风险及折算风险，并探讨合理的管理对策；第十章深入分析"一带一路"倡议下跨国公司的政治风险成因及表现形式，并提出防范措施；第十一章揭示"一带一路"倡议下跨国公司技术风险的传导机理及路径，通过科学管理加强跨国公司对技术风险的防范与控制能力；第十二章辩证分析全球金融市场格局与跨国公司投融资之间的关系，探讨重塑全球金融体系的可行性，从而挖掘中国构建新型全球金融市场的具体路径；第十三章综合考量"一带一路"倡议下的投融资方式与风险评估，从构建完整生产贸易链的视角提出区别于传统投融资决策的新思路。

第一章 "一带一路"倡议与跨国公司

"一带一路"倡议提出六年多来,从理念到行动,已落实为一个个实实在在的国际合作项目,其成果惠及全球,举世瞩目。在"一带一路"倡议的实践与发展中,金融发挥着极其重要的作用。习近平2018年8月在推进"一带一路"建设工作5周年座谈会上也指出:"要在金融保障上下功夫,加快形成金融支持共建'一带一路'的政策体系,有序推动人民币国际化,引导社会资金共同投入沿线国家基础设施、资源开发等项目,为走出去企业提供外汇资金支持"。[①] 而跨国公司作为"一带一路"倡议建设中的中坚力量,同时也是国际金融市场的主要参与者。党的十八大报告提出,"加快走出去步伐,增强企业国际化经营能力,培育一批世界水平的跨国公司"。[②] 因此,本书以中国的跨国公司为重点研究对象,探讨"一带一路"倡议下的跨国金融管理问题。

本章主要分析了在"一带一路"倡议背景下,中国跨国公司产生原因和发生的变化,跨国公司自身数量、规模和经营方式的变化,所产生的影响以及未来的发展趋势。首先,在跨国公司的产生原因方面,"一带一路"倡议通过合作项目和平台效应内生地为跨国公司的产生和发展提供了更多的机遇,同时各合作项目所产生的资源流动需求也成为提供中间产品和服务的供应公司开展海外业务的动机,总

[①] 《习近平谈治国理政》(第三卷),外文出版社2020年版,第488页。
[②] 《十八大以来重要文献选编》(上),中央文献出版社2014年版,第19页。

之，"一带一路"倡议不但增强了跨国公司产生的传统动因，而且丰富了新兴动因的内涵。其次，"一带一路"倡议使中国跨国公司数量、发展方向方式和发展质量都发生了极大变化，为中国跨国公司提供新机遇也提出新的要求，跨国公司作为"一带一路"项目的主体，还通过多个渠道对世界的经济贸易格局产生影响。最后，分析在"一带一路"倡议背景下，中国跨国公司发展将面临的3个新趋势：把握发展新机遇，加强本土化经营；注重知识产权保护，发展人才优势；风险管理意识不断加强，投融资方式和决策更加完备。

第一节 "一带一路"倡议下跨国公司发展的背景

"一带一路"倡议作为国际合作以及全球治理新模式的积极探索，是新时代中国对外合作的重要举措。其强调的"共建"和尊重、维护国际秩序符合世界多极化和经济全球化的要求，强调的对外合作基本原则体现了当下对文化多样性和社会信息化的要求，强调的市场为导向的开放式合作有助于维护全球自由贸易体系以及开放的世界经济。如习近平总书记在2019年4月第二届"一带一路"国际合作高峰论坛开幕式上讲的："共建'一带一路'倡议，目的是聚焦互联互通，深化务实合作，携手应对人类面临的各种风险挑战，实现互利共赢、共同发展。"[①]"一带一路"倡议的提出符合时代潮流和世界发展的现实需要，对跨国公司的产生具有重要影响，跨国公司是"一带一路"倡议诸多合作项目的重要实施主体。早在2015年发布的《推动共建丝绸之路经济带和21世纪海上丝绸之路的愿景与行动》就指出，"一带一路"要充分发挥市场的决定性作用，并强调了要发挥各类企业的主体作用。当前，中国经济和世界经济关系紧密，中国将继续贯彻对外开放的基本国策，打造最顺应经济全球化潮流的国际多层次合

[①] 习近平：《齐心开创共建"一带一路"美好未来——在第二届"一带一路"国际合作高峰论坛开幕式上的主旨演讲》，人民出版社2019年版。

作平台，鼓励国际、地区组织和各个国家积极参与，共商、共建、共享"一带一路"。通过"一带一路"倡议维护良好的外部环境，既有利于中国扩大以及深化对外开放水平，又对加强和亚欧非及世界各国互利合作有重要意义，中国愿意在力所能及的范围内承担更多责任和义务，通过"一带一路"倡议为各国深化合作、实现各自奋斗目标带来新机遇。

一 "一带一路"倡议与跨国公司发展

跨国公司是由在两个或两个以上的国家开展业务的经济实体组成，从事生产、销售和其他经营活动的国际性大企业。跨国公司是经济全球化的产物，也是其重要的推动力量和载体。"一带一路"倡议共建的项目主要是商业项目，是企业的市场行为，中国跨国公司是"一带一路"项目建设中的核心力量。

"一带一路"倡议始终坚持以企业为主体和市场化运作，在遵守国际规则、符合企业所在国和项目所在国的法律法规的前提下，企业公平参与。一般来说企业在国外投资并发展成为跨国企业有几个方面的动因，中国参与"一带一路"倡议的跨国企业也不例外。具体而言，大体可以分为传统动因和新兴动因。其中传统动因可以分为四类：第一，市场寻求，即为了满足当地需求或向外国市场出口；第二，原料寻求，即充分利用东道国的原材料，出口或进行深加工销售；第三，生产效率寻求，即在一种或多种生产要素的价格相对于生产率被低估的国家和地区进行生产；第四，政治安全寻求，在被认为不太可能征用或干预私人企业的国家购买或建立新的经营机构。新兴动因包括：第一，经济规模扩大、研发投资激增和产品生命周期缩短等，这些因素促使许多行业向全球扩散，经营活动在世界范围的扩张并非可有可无，而是许多公司能否在一些经营领域生存的基本前提。第二，全球审视和学习能力，这一点是公司国际战略的关键所在。向海外发展的公司更可能在全球范围内发现低成本的生产资料，也更容

"一带一路"与跨国公司金融管理

易因新的市场需求而创新产品和技术。同时，跨国公司的子公司分布于世界各国，由此带来的信息优势可以使其实现更有效率的资源配置、开发更先进的生产技术以及生产更加适销的产品。第三，跨国公司较之于国内公司能够产生重要的竞争性定位优势。跨国公司的国际投资决策更能反映市场吸引力、成本或者是效率因素。"一带一路"倡议使得各国之间经济合作更加紧密，从而加强了传统动因的作用，同时也丰富了新兴动因的内涵。

"一带一路"倡议打造的各个合作机制，一方面为中国企业内生性地提供了更多走向海外的机会，另一方面，中国通过"一带一路"倡议所传递出的开放、共享的国际形象和政策效应减小了中国跨国公司进入海外市场的阻力。在"一带一路"倡议的鼓励下，一些具有发展优势的企业"走出去"并不仅仅为追求利润、寻求市场和更好的投融资环境等，更重要的是将中国的先进技术也带出去，为沿线各国的社会经济发展贡献一份中国力量。中国与"一带一路"沿线国家开展的合作项目不断增加，以"一带一路"国际合作高峰论坛为例，作为"一带一路"倡议实施的重要机制，首届论坛的成果在2018年底落实率达96.4%，在2019年4月闭幕的第二届论坛，又搭建合作平台、签署成果文件和项目，六大类共计283项。其中投融资项目21项，为跨国公司"走出去"、"一带一路"项目顺利实施提供资金保障。在第二届"一带一路"国际合作高峰论坛期间还首次举办了企业家大会，有利于中国跨国公司更好地服务"一带一路"平台建设。中国企业走出海外，在开发项目的同时，也为"一带一路"沿线国家带去金融资源，创造更多的就业机会，还把中国倡导的合作共赢的理念带到世界各地。所以，在"一带一路"倡议下，中国企业走向海外是中国经济发展转型的一个重要途径，也符合沿线各国经济发展的利益和需求。

综合来看，中国公司"走出去"并发展成为跨国公司是由传统因素、新兴因素和"一带一路"倡议共同推动的。一方面"一带一路"

倡议顺应了世界经济格局变化和国际产业分工水平演进过程中中国国际地位的提高以及所扮演角色的不断改变；另一方面，随着中国经济发展进入新常态，鼓励企业走出国门很大程度上有利于中国供给侧结构性改革的推进，符合优化产业结构、提高经济质量和激发经济发展潜力的需要。但是，外向型发展将会使更多企业面临跨境贸易合作的税收风险、财务风险、汇率风险、政治风险、技术风险等。因此，跨国公司的经营管理理念和风险防控要求都需要做出相应的改变。

二 "一带一路"倡议对跨国公司发展的影响

"一带一路"倡议对中国跨国公司的数量、发展方向、发展方式和发展质量产生了极大影响，为中国跨国公司发展提供新机遇也提出新的要求。同时，跨国公司作为"一带一路"倡议的主要实施主体，也对当下世界经济贸易格局的改变产生了重要影响。随着"一带一路"倡议的实践，中国跨国公司进入了一个快速发展的阶段。中国境外企业数量由2013年的25413家增加到2017年的39205家[①]，根据2017年中华人民共和国商务部公布的境外投资企业（机构）备案结果公开名录，中国跨国公司在"一带一路"沿线国家分布情况如下：东亚地区2982家、西亚地区529家、南亚地区729家、中亚地区480家、独联体地区101家以及中东欧地区201家。"一带一路"倡议提出后的2013年和2017年中国境外企业在各大洲分布的情况如图1-1所示。可以看出，除亚洲特别是东亚地区外，中国跨国公司在其他地区的发展潜力仍有待深入挖掘。经过长期发展，中国的跨国公司规模不断扩大，已经在全球跨国公司中占据重要地位。同时，伴随着科技进步与企业创新，中国的对外贸易更加注重技术、装备、资金的集成化出口。在出口产品的基础上，推动实现技术、标准和服务"走出去"，实现产品、技术、服务、标准和投资的一体化发展，助力中国

---

① 数据来自wind资讯。

"一带一路"与跨国公司金融管理

跨国公司早日成长为世界一流企业。中国跨国公司是"一带一路"倡议的重要实施者和建设者,"一带一路"倡议也为中国跨国公司的发展提供了前所未有的机遇。贝克-麦坚时(Baker & McKenzie)国际律师事务所以及咨询公司丝绸之路(Silk Road Associates)联合发布的报告显示,预计截至 2022 年,中国将向"一带一路"项目投入约 3500 亿美元[①],这无疑会给中国跨国公司参与"一带一路"建设提供重要保障。

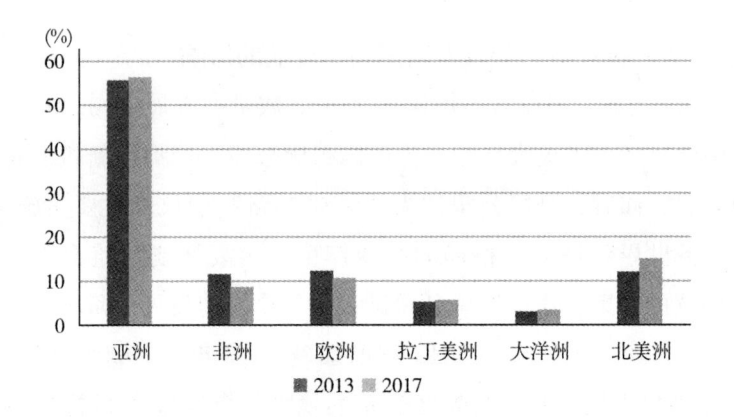

图 1-1 2013 年和 2017 年中国境外企业在各大洲分布的情况
资料来源:中华人民共和国商务部。

此外,"一带一路"倡议的共商、共建、共享原则,对中国的跨国公司提出新的要求。首先,要加强与世界各国的企业、政府、社会组织等开展交流与合作,以实现共同发展;其次,要在政策沟通中发挥支持和协助作用,在设施联通、贸易畅通、资金融通建设过程中发挥主体作用,在民心相通建设中发挥主体、支持和协助的多重作用;最后,要在企业层面探索国际合作和全球治理的新模式,为构建人类命运共同体做出贡献。这三个要求同时体现了"一带一路"倡议赋予

---

① 徐惠喜:《最新报告:"一带一路"项目价值 5 年将达 3500 亿美元》,中国经济网,https://www.yidaiyilu.gov.cn/xwzx/gnxw/32627.htm。

第一章 "一带一路"倡议与跨国公司

中国跨国公司的三重使命：共同发展、民心相通和全球治理，同时也明确了中国企业参加"一带一路"倡议建设要遵循的规范和规则。

同时"一带一路"倡议也为中国跨国公司的发展创造了新的机遇。首先，就合作伙伴关系来说，面对合作共赢的机遇，可以推动加强中外公司合作关系。目前，许多中国企业已经和外国企业在"一带一路"框架下结成伙伴关系，未来将有更多的企业结成联盟，特别是在参与投标项目竞争时。参与基础设施建设的中国工程承包商针对某一项目与外资或合资企业进行合作，不仅可以增加中标的概率，还可以吸取各方优势，提出更加优化的方案。其次，中国跨国公司将获得更多的合作机会，"一带一路"沿线国家地广人多，沿线各国的基础设施建设和经贸需求所带来的合作机遇空前。再次，为中国跨国公司增加了并购的项目，为了能在"一带一路"沿线国家和地区的一些大市场中与其他国家企业竞争，中国工程承包商希望获得来自世界各地的领先技术，因此并购发挥了重要的作用。例如，总部位于上海的远景能源通过收购挪威供应商 Bazefield 获得了风力农场管理系统的相关技术。复次，为跨国公司提供风险管理的专业化服务，有利于跨国公司健康稳定发展，比如协助跨国公司完成项目进度调查、业务重组、合同谈判、劳动和税务监管、权益维护等，这些服务为跨国公司境外投资与项目完成提供重要支持与保障。最后，将会有更多金融机构为中国跨国公司的金融需求提供保障。"一带一路"建设需要大量的资金投入，因此中国在增加"一带一路"建设资金投入的同时，也着手建立稳定、可持续、风险可控的金融保障体系、多元化融资体系和多层次资本市场结构。有报告认为，到2030年，"一带一路"框架下，有超过半数的项目将会由私募资本、多边银行和外国政府提供资金支持。中国跨国公司也在寻找更多融资来源，并且通过项目结构优化、重组以吸引更多的私人资本。

"一带一路"倡议的推行使中国跨国公司的数量、发展方向、发展方式和发展质量发生了极大变化。2018年上半年商务部的数据显示，中国对"一带一路"倡议沿线国家投资合作稳步推进。2018年上半年，中国企业对"一带一路"沿线的55个国家新增投资合计74亿美元，同比增长12%，上缴东道国税费3亿美元，中国跨国公司在"一带一路"倡议中发挥了重要作用。自"一带一路"倡议实施以来，中国跨国公司的海外资产总额快速提高，跨国公司规模不断扩大，海外员工人数快速增加；同时，中国公司在海外项目中的参与度逐步加深，国际化经营程度提升。在历年的中国500强企业高峰论坛中，中国企业联合会和企业家协会连续发布的"中国跨国公司100大及跨国指数"报告体现了中国跨国公司发展的新特点和新趋势。其中的平均跨国指数是按照联合国跨国公司与投资公司使用的跨国指数的计算方法，由海外资产占公司总资产的百分比、国外销售占公司总销售的百分比、国外雇员人数占公司雇员总人数的百分比三者平均得到的衡量企业国际化程度的指标。

表1-1　　"一带一路"倡议实施以来"中国跨国公司100大"发展情况

年份	入围门槛（亿元）	海外资产总额（亿元）	海外收入总数（亿元）	海外员工总数（人）	平均跨国指数（%）
2014	21	52473	50074	723932	13.60
2015	26.67	56334	51771	754731	13.66
2016	41.48	70862	47316	1011817	14.40
2017	61.47	80783	49012	1166176	14.85
2018	72.22	87331	59652	1297121	15.80

资料来源：根据2014—2018年"中国跨国公司100大及跨国指数"报告的数据计算整理。

"一带一路"倡议对中国跨国公司发展的影响深远，国家对"走出去"的企业的支持也不遗余力。随着越来越多的中国企业"走出去"，中国跨国公司已成为全球市场一道新的风景线。中国各部委、

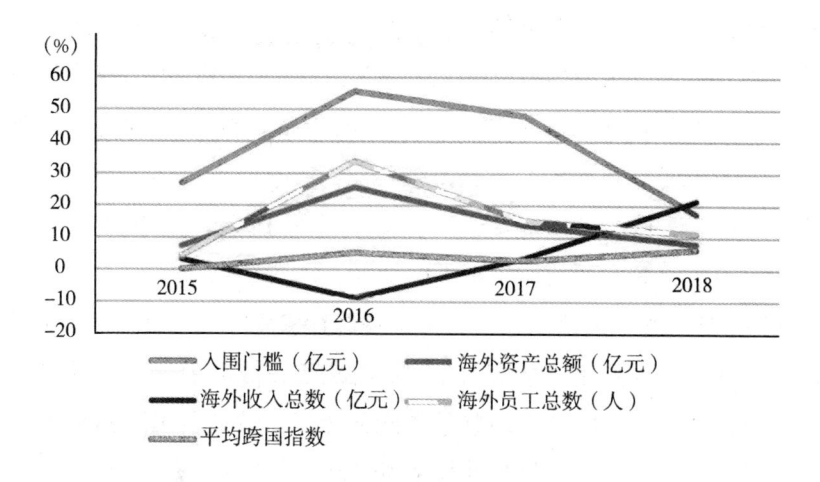

图1-2 中国跨国公司主要指标同比增速情况

资料来源：根据2015—2018年"中国跨国公司100大及跨国指数"报告的数据计算整理。

各部门从国家战略层面对企业境外投资作出顶层设计，完善境外投资管理制度，健全投资政策服务体系，鼓励企业参与"一带一路"倡议建设和国际产能合作的同时，着力抓好对外投资真实性审核、事中事后监管等工作，严防对部分领域进行非理性投资，使企业的对外投资更趋理性。同时，随着更多项目的落地与建成，"一带一路"沿线交通、通信网络建设将不断加强，除央企外中国的民营企业将会在"一带一路"沿线国家更加活跃。

三 "一带一路"倡议下跨国公司的发展及对世界经济格局的影响

当前的世界贸易、经济增长缓慢，世界经济正面临分化、分裂和不可持续的风险，美欧民粹主义与贸易保护主义相结合严重威胁世界经济开放、包容和可持续发展。造成全球经济失衡现状的原因错综复杂，其中最根本的原因是，长期形成的全球生产体系与国际产业分工格局中，各国在产品价值链与产业分工体系中的地位不平等，造成贸

"一带一路"与跨国公司金融管理

易、金融、资产等多个市场的结构性失衡。基于该现状中国提出"一带一路"倡议，为中国跨国公司发展注入新的活力。中国跨国公司的总体规模不断扩大，加快"走出去"的步伐，企业国际化经营能力逐渐增强，资金和资源配置能力提升。"一带一路"倡议下，中国的跨国公司在区域经济均衡发展、产业分工格局改善、金融资本畅通和国际贸易畅通等方面的作用也不断加强。

"一带一路"倡议的建设将会促使跨国公司不仅实现业务国际化，而且实现战略国际化、结构国际化。特别是在战略上，中国的跨国公司需要在纵向生产的各个环节具备国际视野，做到以国际标准审视采购原料、配置人员、安排生产与研发等环节。除此之外，在公司内部安排如部门设置、股权结构和公司治理结构设置等方面也都要具备国际化特点。如今中国在"一带一路"沿线国家开展业务的跨国公司具备的相对优势体现在技术、资金、品牌、管理等多个方面，有利于其快速深入地融入全球价值链中，更好地整合国际优质资源，提升企业的国际化程度。

随着"一带一路"框架下所开展的业务和项目增多，中国跨国公司的体量不断增大，业务遍布全球，境外营业收入、贡献利润占到相当比例。且中国跨国公司的发展势头迅猛，并购等多种对外投资形式迅速增加。在投资规模方面，在中国加入WTO之后，特别是在"一带一路"倡议的推动下，企业海外投资变得常态化、规范化，各类企业纷纷响应"走出去"的政策。特别是近五年，中国跨国公司加快全球化的步伐，不断丰富海外投资领域涉及面，投资目光更具战略性，投资方向逐渐从产业链整合转为更加注重全球资产配置，从而不断提升在全球价值链中的位置。

"一带一路"对跨国公司发展的影响也体现在跨国公司成长的"三部曲"中，即产品销售国际化、研发及生产国际化、品牌及管理体系国际化。最终实现企业品牌在全球范围具有良好声誉，内外部产业链在全球范围内合理布局与动态调整，引领行业发展并对行业标准具有话语权。"一带一路"倡议推进过程中跨国公司也在不断"走出去、走进去、走上去"。"走出去",真正瞄准海外市场,不仅是为了把产品输出去,而且是为了创品牌,从产品标准、技术标准、管理标准等方面全面提升与国际市场接轨的能力;"走进去",产品要瞄准当地消费者的主流需求,要力争进入当地的主流销售渠道,设计、制造、销售逐步实现海外当地化;"走上去",就是要开放整合,把全球资源都变成企业发展的资源。

从中国对外投资和贸易的整体形势来看,"一带一路"沿线国家的投资和贸易高涨,"一带一路"日益成为中国跨国公司海外投资的重要方向。中国跨国公司在世界的影响力不断提高,通过创新对外投资方式,促进国际产能合作,加快培育国际经济合作和竞争新优势,为国内结构调整和转型升级、带动世界投资与发展贡献力量。"一带一路"作为中国和世界开放经济发展的重要倡议,从提出至今,以其丰富的内涵和务实的合作实践,拨正了世界对其的看法,各国和国际地区组织从观望到积极参与,为不确定性增加的国际形势下全球多方面平稳发展提供了具体行动方案。"一带一路"倡议下的中国跨国公司积极走出国门,对于促进世界经济更加开放、包容和可持续发展,践行人类命运共同体理念,重塑世界经济新秩序,开创世界经济发展的新局面、新时代有重要意义。"一带一路"倡议下,中国跨国公司积极参与全球化,顺应当今世界发展大环境和局势,积极扩展合作领域,打造了中国新的发展优势。这让"一带一路"沿线各国和地区之间经济合作更加深入,促成了共同进步的联动发展态势,有利于解决沿线各国的经济转型和升级问题。与此同时,各个处于不同产业梯度的经济体可以寻找彼此之间的贸易互补优势,通过跨国公司发掘经济合作潜力。

第二节 "一带一路"倡议下中国跨国公司发展趋势

"一带一路"倡议的推行是新时代中国跨国公司产生和发展的重

"一带一路"与跨国公司金融管理

要机遇，跨国公司也是加强中国与"一带一路"沿线各国互联互通的伙伴关系和务实合作的重要方式。随着"一带一路"的不断发展，中国跨国公司也表现出新的发展趋势，同时作为国际金融的重要主体，其风险管理和投融资决策也会更加完善。

一 把握发展新机遇，加强本土化经营

中国跨国公司在积极带动本国的优势产业产能"走出去"之外，在第四次工业革命背景下，将着力把握新时期数字化、网络化、智能化发展趋势，为中国企业在海外发展壮大提供新动能和发展路径。"一带一路"倡议应积极发挥以企业为主体的协同创新机制的作用，促进企业与沿线高校以及科研机构的联合，攻克技术难题，大力提升创新效率，与外方合作挖掘发展潜力，创造发展机遇。

放眼未来，中国跨国公司还将更加注重与"一带一路"沿线国家的人文交流合作，提升本土化经营力度。经营方式将是影响中国跨国公司海外战略是否实现的主要因素，从世界各国跨国公司对外投资的经营经验来看，未来可不断通过提高本土化水平作为降低公司经营风险、推动中国"一带一路"建设稳步前进的重要手段。具体来说，面对经营中遇到的问题，可尝试通过与当地的合作来解决，并逐渐建立常态化合作关系。由于"一带一路"沿线部分国家投资政策和产业政策存在不确定性，司法、税务、海关等执法机关办公特色各异，可靠的本土合资方更熟悉当地情况，由其代表公司出面同有关部门协商更有利于解决各类问题，促进中国跨国公司的长远发展；中国企业应加强遵守当地法律和尊重当地风俗习惯的意识，聘请当地有经验的律师等提供相关顾问服务，在涉及自身发展的重要经营环节上，注意利用法律手段保护企业的合法权益。

二 注重知识产权保护，发展人才优势

将创新驱动发展战略融入"一带一路"建设中，有利于扩展中国

跨国企业创新发展领域，还可以提高国际合作的层次。企业创新能力和创新意识的提高带来的技术外溢可同步母国及投资东道国的创新步伐，带动双方的生产能力及研发水平发展进步。在该过程中，加大对自身知识产权的保护意识，同时尊重所在国的知识产权，才可能创造良好的创新生态环境，推动各国在市场化和法治化原则基础上开展长期稳定的技术交流合作。应着力营造全面完善的知识产权保护法律体系，强化执法力度，加强对双方知识产权人合法权益的保护，严厉打击知识产权侵权行为。

随着中国"一带一路"倡议的深入推进，具备商务知识和国际市场经营运作专业知识、精通所在国语言文化、有国际商务争端解决经验和具备风险评估能力的高层次国际化复合型人才的重要性日益凸显。跨国公司作为中国对接海外市场的主体，应成为培养国际化复合型人才资源的重要阵地。应根据中国跨国公司发展中的实际需求，发展国际化复合型人才，助力解决限制"一带一路"建设深化的重要问题。相较于发达国家，中国的跨国公司海外经营起步较晚，不可避免地面临在海外市场的经营与运作经验不足的困境。中国的跨国公司有必要通过制定更加开放、均衡的人才引进政策，拓宽人才引进的渠道，完善创新人才引进模式以打破当下国际化人才引进的束缚。充分利用国际化人才的国际经营能力和国际运营经验，带动中国跨国公司人才队伍整体实力的提高，在中国"一带一路"建设整体推进与深化落实的过程中实现跨国公司的水平跃升。

三　风险管理意识不断加强，投融资方式和决策更加完备

中国跨国公司在"一带一路"倡议下的风险管控和投融资问题是本书要解决的主要问题。在开展对外经济合作过程中，中国企业不断加强对传统风险和非传统风险的防控能力，助增"一带一路"项目推进的边际效益。中国跨国公司在参与"一带一路"合作项目之前，应通过更加充分的评估和调研，较为全面地了解合作目的国各方面的

"一带一路"与跨国公司金融管理

环境因素后，合理预期投资成本及收益，从而完善合作策略。面对跨国公司不可避免的税收风险、财务风险、汇率风险、政治风险、技术风险等金融管理中涉及的具体风险，通过采用风险对冲工具、加强监管能力和效率、加强信息流动和多元化等举措，不断提升跨国公司的整体风险应对能力。

当下，多元化的资金来源为"一带一路"倡议实施保驾护航，包括国际金融机构、政策性金融机构、商业银行、专项投资基金、新兴多边开发金融机构、出口信用保险机构等。但是，不同类型的跨国公司在"一带一路"倡议中的金融诉求不同，因此需要提供多样化、多层次的金融服务，构建常态化国际金融合作机制、高水平投融资体系，以及综合性的金融服务，为投融资渠道完善提供保障。此外，还需要通过政府的政策支持，优化投融资环境，加强监管，使得投融资渠道健全和完善。

在投融资决策中，虽然中国企业走出去的数量和规模快速增长，但是其投融资决策水平仍然有很大的提升空间。在"一带一路"框架下，项目的落地给参与其中的各国跨国公司提供了交流合作平台，通过和沿线国家以及发达国家跨国公司的合作和交流，中国跨国公司在管理、技术等方面发展更为迅速，少走了很多弯路。另外，在科技快速发展的今天，技术创新和理论创新使得中国跨国公司可以更好地利用信息技术，不断优化投融资决策，从而减少信息成本，保障项目顺利完成。

后续章节将会对"一带一路"倡议中跨国公司的金融诉求、融资和投资情况，以及税收风险、财务风险、汇率风险、政治风险、技术风险等方面的风险分别进行分析，在此基础上，为如何作出金融市场风险管理对策与投融资决策，进而完善"一带一路"倡议中的跨国公司金融管理，提出有益建议，为"一带一路"倡议进一步发展提供金融保障。

第二章 "一带一路"倡议与跨国公司的金融服务诉求

作为合作发展的理念和倡议,"一带一路"倡议旨在促进中国与沿线国家建立合作机制,共同打造双边政治经济文化的利益、命运和责任共同体。① 具体而言,"一带一路"需要加强"五通"的建设,这是因为"一带一路"倡议涉及的国家大多是发展中国家和新兴经济体,其地缘政治复杂,市场标准不一,基础设施相对落后,且中国投融资主体及模式单一。② "一带一路"建设面临着巨大资金缺口。据国内学者测算,到 2020 年,除中国外的基础设施建设投资资金需求将达到数十万亿美元③;到 2030 年,亚洲基础设施建设投资则预计需要 26 万亿美元④。此外,"一带一路"建设同样面临着汇率波动、东道国政治稳定存在不确定性等风险。这使得"五通"建设的主要承担者——跨国公司,在前期投资、建设、运营中加大了对不同风险

---

① 丝路辞典,中青网。
② 范祚军等:《"一带一路"国家基础设施互联互通"切入"策略》,《世界经济与政治论坛》2016 年第 6 期,第 129—142 页。
③ 袁佳:《"一带一路"基础设施资金需求与投融资模式探究》,《国际贸易》2016 年第 5 期,第 52—56 页。
④ 方星海:《用资本市场支持"一带一路"》,《中国金融》2017 年第 9 期,第 14—16 页。

防控和金融服务的诉求。

本章首先概述跨国公司参与"一带一路"建设，从事投融资、贸易等不同业务活动的金融服务诉求种类及现状；然后概括已有的合作机制，并探讨现有机制对跨国公司金融服务诉求的回应情况；最后结合大数据、人民币国际化等未来发展趋势，对跨国公司的金融服务诉求及发展策略进行展望。

第一节 跨国公司参与"一带一路"建设的金融服务诉求

由我国提出的"一带一路"倡议明确指出要以交通基础设施建设为突破口，以融资平台搭设为抓手，推动与沿线及相关国家建立全方位、多层次、宽领域的蓝色伙伴关系[①]，让沿线及相关国家搭上中国改革开放的快车。"一带一路"各参与成员在相互分享经济发展成果、促进经济增长、实现共同繁荣进步的同时，也为全球经济发展带来新的机遇。从跨国公司目前参与建设"一带一路"的情况来看，其对于金融服务的诉求存在着较大的差异。一方面是由于不同的跨国公司在主营业务、资金周转时间、资金需求或投入体量、信息咨询服务需求等方面存在差异；另一方面则是这些跨国公司面临不同国家或地区之间投资环境的差异。

中国企业对外投资建设项目大致可分为进出口贸易型、境外投资型、对外工程项目总承包与劳务合作型和区域管理型四种类型。目前中国企业对"一带一路"沿线国家投资的领域主要集中在自然资源开发、货物和服务贸易、加工制造、基础设施建设等方面。其中，道路交通运输、港口、桥梁、水利、电站等基础设施建设项目所需投资资金往往数额庞大，投资周期也较长。因投资环境多元化和资金需求

---

① 《"一带一路"建设海上合作设想》，国家发展和改革委员会网站，http://www.ndrc.gov.cn/zcfb/zcfbtz/201711/t20171116_867166.html.

第二章 "一带一路"倡议与跨国公司的金融服务诉求

大,传统的政府、国内银行等信贷融资渠道已不能满足大型国资、民营企业跨国投资的需求。此外,中小型民营企业由于受到自身信用条件、信息获取能力的限制,在扩大发展过程中面临着融资难的问题。为了响应跨国公司的金融服务诉求,中国金融监管部门和金融机构应该坚持共性与个性相结合的原则,提供全方位的服务方案,帮助跨国公司灵活有效地使用金融产品组合。

一 现金及财务管理需求

"一带一路"沿线国家或地区多达100多个,并且各国货币、语言、时区、政治环境、金融基础设施等均存在较大差异。这使得中国跨国公司在参与"一带一路"建设时需要针对不同国家的条件采取多样化、多层次的财务管理策略。此外,在选择预算管理模式时,跨国公司往往受限于外汇管制政策、人民币直接兑换机制和机构缺乏、规避汇率风险的金融产品匮乏等问题。这使得跨国公司在面对国际金融市场汇率波动、各国利率变动、自身信用及资产变现能力变化等风险因素时承受着巨大的压力,面临着境内外资金集中管理及资产保值增值困难等问题。因此,为了保证跨国公司持续健康地经营发展,境内外的资金循环畅通不可或缺。换而言之,金融机构需要响应中国跨国公司的财务管理诉求,帮助其实现运营资金的归集、高效管理和投资。具体而言,中国跨国公司全球现金管理服务需求大致分为以下几方面:

(1) 账户管理

跨国公司在不同国家经营发展过程中,经常会遇到开户难、沟通难、资金分散、信息滞后等难题。随着海外扩张的步伐加快,跨国公司境外的分支机构及子公司或项目的数量快速增加,为了方便对公司的运营资金进行统一调度管理,中国跨国公司需要建立专门的"境外现金池"账户。企业可借助该账户查询在"一带一路"沿线及相关国家开立的各个账户信息,并可对境外的分支机构、子公司或项目开展统一放款业务。此外，跨国公司还需要综合比较境外机构人民币结算账户和离岸账户的利弊，选择适合自身的方式，从而更好地实现全球现金及财务管理。

（2）收付款管理

在跨国公司经营过程中，现金收付款业务是财务管理的重要组成部分。由于面临着利率、汇率、流动性问题及道德风险，跨国公司需要加强现金收付风险管理，按时回收到期的货款，及时偿还到期债务，增强企业融通资金的能力，加速企业的资金周转，减少企业的风险和提高企业的竞争力。这就需要通过现金收付款业务，实行境外分支机构或子公司从境内总公司账户统一对外支付，实现企业境内外账户支付联动。

（3）流动性管理

跨国企业为了摆脱资金分散问题的困扰，就必须考虑境内外资金的双向划转和归集，从而实现高度的境内外资金流动和融通，达到企业资金无缝集成和高效部署的效果。就目前而言，虽然NRA账户和离岸账户能够划转和归集境内外资金，但境内资金出境，必须由国家外汇管理局核准境外放款额度。因此，在流动性管理上，跨国公司需要国家进一步放开金融市场，简化监管手续，使其能够自主预设资金归集、划转周期，自动将其境内外下属分支机构或子公司账户的资金余额划转、归集到境内母公司主账户，或者将母公司主账户的资金划拨到分支机构或子公司的账户，以此实现资金的集中管理。

二 融资及信贷需求

为了转移或降低风险，参与"一带一路"建设的跨国公司还需要通过在国际、国内金融市场上发行债券、股票进行融资。从融资期限来看，对于一年或一年以下的短期融资，跨国公司一般选择通过商业信用融资或银行融资来满足资产流动性需要；而对于一年以上的长期融资，大多数跨国公司都希望采取多样化的手段和方式：包括发行债

第二章 "一带一路"倡议与跨国公司的金融服务诉求

券、股票、金融租赁、设立投资基金等直接方式,以及并购贷款、固定资产贷款、国际金融组织贷款等间接融资方式。①

(1) 长期融资

在"一带一路"交通运输、港口及能源通道等基础设施建设领域中,跨国公司融资体量需求大,投资期限长,信息不对称严重,同时部分沿线国家经济欠发达,政局动荡,难以提供主权担保,这些因素对项目运营资金回本的稳定性产生了不利影响。② 显然,"一带一路"建设过程中跨国公司面临的风险较大。中国"走出去"企业具有显著的债权融资偏好③,主要以单个项目通过直接或间接融资方式获取长期融资。当前中国跨国公司已不满足于直接或间接融资方式,还希望最大限度结合企业生产建设周期,在其项目或产品的全链中引入多边金融机构的金融产品,获得稳定、低成本的资金支持,优化公司融资结构,以最大程度降低风险,使自身获益。

(2) 短期融资

跨国公司一般都采用短期融资方式满足流动性需求。跨国公司主要有三种融资渠道可选择:跨国公司之间内部的借款、在东道国进行的本土化借款、欧洲商业票据。为了方便和快捷管理的需要,跨国公司的子公司对营运资金的筹集通常在公司所在地进行,即进行本土化融资,但部分"一带一路"沿线及相关国家金融并不发达,本土化融资缺少国际金融机构的支持。

(3) 信贷诉求

在参与建设"一带一路"过程中,跨国公司对跨境担保、内保外贷、外保内贷、出口买方信贷等信贷服务诉求较为迫切。具体的信贷

---

① 张琪等:《浅析跨国公司客户金融需求与风险》,《中国外资》2011年第10期,第33页。
② 蒋志刚:《"一带一路"建设中的金融支持主导作用》,《国际经济合作》2014年第9期,第59—62页。
③ 郭桂霞等:《我国"走出去"企业的最优融资模式选择——基于信息经济学的视角》,《金融研究》2016年第8期,第111—126页。

需求有三类：一是出口信贷，主要为出口公司或企业提供出口信贷服务产品，包括出口前及交单后的融资；二是并购贷款，即支持公司通过受让现有股权、认购新增股权或收购资产、承接债务等方式实现对目标企业或目标资产的实际控制，协助公司以最优的杠杆结构完成收购计划；三是委托贷款，即为跨国公司提供期限灵活、成本较低的委托贷款服务。

三 投资咨询及外汇交易与风险管理诉求

中国跨国公司在"一带一路"相关国家地区的基础设施建设都具有前期投入大、回流周期长的特点。与此同时，中国跨国公司跨境贸易投资虽前期投入不大，但项目需在前期进行市场调研、开发和销售。此外，沿线国家存在政局动荡、金融体系不完善、汇兑及跨国公司资金转移及避税等问题和风险。很显然，"一带一路"投资项目的特点和面临的风险会严重影响公司参加"五通"建设的积极性和持续性。因此，为了克服这些困难，中国跨国公司亟须获得充分的信息咨询服务，这些信息包括东道国政治、金融、税务、外汇管理政策、法律及国际环境等。同时，跨国公司还需要获得跨境投资财务咨询、并购搭桥、股权融资等投行服务，以辅助投资项目进行政治、金融、汇率风险和收益分析，完成投资决策。这些需求的满足对于"一带一路"建设风险防控具有重要的意义。

（1）投资咨询服务

在尝试进行跨国经营阶段，企业通常需要了解拟开展业务的国家的政治、经济、文化、法律等信息，从而在此基础上进行跨国投资与经营决策。在这一阶段跨国公司需要金融服务机构提供东道国的宏观政策形势、行业竞争、产品前景及税收政策评估等咨询服务。在企业境外经营业务成熟后，企业面临扩大生产与投资、并购的问题，开始需要外部资金的授信支持，并且日益增加对高效管理营运资金的需求。总而言之，金融服务机构需要深入到企业项目评估和立项审批的各个环节中,利用自身的金融服务信息优势,协助企业在业务所在国启动业务经营与投资计划。

(2)外汇交易与风险管理

跨国公司在持有境外资产、承担境外债务、开展进出口贸易、与境外分支机构及子公司结算等业务时,不论以本币还是外币记账或计算,都面临着外汇波动的风险,具体可细分为交易风险、经济风险和折算风险。其中外汇交易风险是跨国公司境外经营活动中以外币计价交易与结算的时间错配导致的汇率变动风险。对于外汇交易风险的防范,跨国公司除了采取内部主动的经营性对冲管理外,还可以通过金融对冲的方式进行管理。具体而言,跨国公司可通过使用金融衍生品,如外汇掉期、远期、互换、期货、期权等,来对冲以外币计价资产与负债的外汇风险。在"一带一路"沿线及相关国家的生产贸易投资过程中,双边交易或多边交易较多,不同国家汇率波动影响因素较多,因此中国的跨国公司在外汇交易中需要进行不同的风险管理,规避外汇风险。

四 基础结算服务

在跨国公司项目试运行阶段,围绕企业采购、加工、分销、账款管理等贸易链条各个环节以及业务的开展,跨国公司需要货物贸易和服务贸易的结算服务。结算服务具体包括在贸易资本金的注入、项目生产设备的引进及主要原材料的进口等方面的资金支持。其中,全球性、区域性业务结算包括货物贸易结算、服务贸易结算、资本项目结算、对外直接投资结算等。基础结算产品包括银行汇票、银行本票、支票、商业汇票(银行承兑汇票、商业承兑汇票)、汇兑、委托收款/托收承付、同城特约委托收款等,以及各种跨行业务派生产品。随着互联网金融和供应链金融的发展,跨国公司还需要金融机构灵活运用互联网和供应链工具,为其提供跨境支付结算、融资、担保、汇兑交易等全过程金融服务。

"一带一路"与跨国公司金融管理

(1) 信用证结算方式

信用证结算方式是国际贸易结算的主要方式。其中信用证是银行保证进出口公司承担支付货款的付款保证单据。它是银行根据贸易双方的需求，在出口公司履行合约条件后，在信用证规定期限内领取规定货款的背书保证。常见信用证种类有付款信用证、承兑信用证、迟期付款信用证、议付信用证等；特殊类型的信用证有可转让信用证、背对背信用证、循环信用证等。① 跨国公司在对外贸易投资或承接工程时，需要在对外洽谈中做主动方，以争取到较为合理的货物、项目价位或其他优惠条件。跨国公司通过信用证的单据办理信托收据贷款、海外代付等短期融资业务，可以减少资金占用，按时收回货款从而避免出口收汇风险，并使贸易投资等活动过程更加规范，有效地控制货权、运输方式、发运日期及货物质量等，在确保货物安全的同时，努力发掘和拓展新兴市场，增加商业机会。

(2) 托收结算方式

托收结算方式是跨国公司按合同规定项目备货出运或提供劳务后，开立汇票委托出口地银行通过国外代收行向汇票付款人收取票款的一种结算方式。托收结算方式可细分为进出口代收业务、即期/远期付款交单、承兑交单以及集中代收付等。"一带一路"倡议下跨国公司的收付款除了根据合同约定外，也需要按照相关国家的惯例及国际惯例办理代收托收业务，委托清算组织提出代收、代付业务指令，然后分别发送给收、付款人开户行，进行批量收付款的业务。相较于信用证结算方式，托收结算方式的银行中介费用较低，办理手续简单，简而言之，有利于跨国公司节约费用且易于操作。与此同时，由于托收结算方式下，买方（进口商）只有付款或承兑过后才拥有提货并处置货物的权利，相对于赊销方式，风险较易控制且完全避免了资金的占压。

---

① 徐阳：《中国银行甘肃省分行国际结算业务管理改进研究》，硕士学位论文，兰州大学，2012年。

第二章 "一带一路"倡议与跨国公司的金融服务诉求

（3）汇款结算方式

汇款结算方式主要包括向国外汇款、汇入汇款业务，其相关金融服务还包括与出境汇款相关的售汇、国际收支申报、查询查复等，按汇款方式不同分电汇和票汇。与信用证及托收结算方式相比，汇款结算方式具有价格更为低廉、手续更为简便、速度快和效率高等优点。跨国公司活动涉及"一带一路"沿线及相关国家时，采用此种方法结算，在货物到达后，买方（一般是进口商）再验货付款，从而掌握最后付款的主动权，避免货物不对板、数量短缺、质量不合要求等商业风险。

五　国际税务服务

"一带一路"倡议下，跨国公司可能会面临多重的法律管辖，理清国外纳税法律及流程，并利用所在国与母国的税法进行合理避税也成为企业的迫切需求。金融机构以跨国公司为服务对象的金融服务产品，应该能够随着跨国企业的境外业务拓展，适时给出解决方案，以帮助企业降低在东道国的税负水平，并且利用东道国的金融环境，合理地帮助跨国公司进行资金及投资管理，合理在境内外公司间调配运营资金，从而提高企业现金流的效率。跨国公司税务方案的服务内容主要包括国际税务筹划、多国退税指导以及建立税务风险规避机制，做出最优质的国际税务安排。

（1）国际税务筹划

国际税务筹划，就是金融服务机构在考虑跨国公司的全球资源配置以及东道国相关税法的前提下，依据其经营目标和公司价值最大化的目标，对其会计账务及业务活动等做好前期规划安排，主张税收与经营活动相结合，协助公司主动选择可以适用的税法，做到规避公司税收检查风险，更好地安排现金流来拓展业务，实现最优化的税收负担与可持续发展的协调统一。跨国公司在国外的税务筹划可以通过正规的海外税务代理机构，也可以通过公司自己的会计师进行。"一带一路"倡议下的跨国公司面临着海外子公司、联营合营等长期股权投资利润在所在国及母国双重课税的问题，同时也因沿线各国税务法律各异，跨国公司需要通过国际税务筹划将会计核算、纳税申报、业务流程三者进行有效统一，避免账外账、偷税漏税及重复纳税的问题，以防范税务风险，推动企业不断完善治理结构以及企业战略规划。

（2）国际退税指导

跨国公司需要提前获取退税款，解除资金占用，满足企业日常流动资金需求，而"一带一路"沿线及相关国家的税务制度不同，退税项目、税率、期限不同，导致跨国公司需要进行国际退税方案管理。跨国公司可以根据自身需求量身定制退税服务，其服务内容包括报关单批量下载、发票数据导入导出、明细数据批量修改、EXCEL报表导入导出、指导开发票、智能配对关单和发票信息、申报退税、风险防控、代办退税备案申报等。跨国公司还需要根据企业应退未退税款，建立企业"出口退税池"。基于"出口退税池"，跨国公司可以向提供短期贷款的金融企业进行融资，提高其资金流动性。

（3）税务风险规避机制

在当前全球化与反全球化的大变局背景下，跨国企业的税务风险包括：对东道国及母国税收政策的理解偏差、政策变化不可测、自身生产经营的各种不确定性、实际操作风险及东道国与母国的政治风险等。简而言之，系统性的税务风险是不可避免的，但非系统性的税务风险却是可以化解和规避的，因此中国跨国企业在国际投资贸易的过程中，需要摒弃以中国的税务思路解决国际投资贸易税务问题的行为，合理设计"走出去"的架构，同时还需要合理评估并控制国际税务风险、建立系统的风险管理体系。具体而言，要树立税务风险防范意识，提高企业税务人员的职业素养，加强与税务风险评估机构的合作，并合理利用现代技术及大数据手段建立集财务、税收、信息于一体的税收筹划警报系统，同时应该与东道国当地税务机关建立良好的沟通渠道，达成税收筹划的一致性意见。

六 其他中间业务与个性化跨国金融服务

在数字革命的推动下，随着大数据的发展、个性化消费趋势与跨国经营业务的扩大，跨国公司希望金融服务机构提供更便捷、周到的服务。因此除了现金及管理、融资及信贷、投资咨询及外汇交易与风险管理、基础结算服务、国际税务服务等传统金融诉求外，跨国公司的金融服务诉求还日渐呈现多样化趋势。具体而言可以分为金融机构已提供的其他中间业务和跨国公司个性化金融服务诉求。跨国公司对金融机构其他金融服务的需求主要集中在以下几方面：灵活方便的授信及担保方式、低成本的中介服务费、多组合形式的资产管理及方便快捷的服务手续。

（1）其他中间业务

就金融服务机构提供的中间业务而言，中国跨国公司"走出去"的金融服务诉求包括担保类业务、投资银行业务、保函业务、承诺类业务、代理业务等。具体而言，担保类业务、承诺类业务及保函业务可细分为：撤销承诺和不可撤销承诺、备用信用证、金融衍生品、投标保函、承包保函、还款担保、借款保函等。担保类业务、承诺类业务及保函业务含有期权性质风险，金融服务机构以自身信用及债务清偿能力，为跨国公司提供履行合约规定的承诺或保障，承担跨国公司违约的风险。这会形成跨国公司与金融服务机构潜在的债权债务关系。投资银行业务主要为跨国公司提供运营资金、企业投资咨询等涉及公司正常运作的服务，其可细分为证券发行、承销、交易、资产管理、并购重组、综合财务顾问、风险投资业务等。

（2）个性化金融服务

围绕满足不同发展阶段的跨国公司的金融诉求，按照"大金融"的理念，金融机构可综合并创新性地运用证券市场场内外投融资，银行间同业市场、租赁市场、信贷市场上的金融工具，为跨国公司提供精准化、个性化的金融服务。中国跨国公司在电子化服务、语言环

"一带一路"与跨国公司金融管理

境、员工待遇与福利管理等方面有其独特的需求,比如要求金融服务延伸到企业的合作伙伴方,为跨国公司供应链上的伙伴提供信贷及电子支付的便利、减免结算费用,协助外籍员工将收入便捷汇回国内等。

第二节 跨国公司金融诉求回应的现状

为应对参与建设投资贸易的国家风险及项目自身的风险,"一带一路"建设相关企业产生了对投融资、统一货币结算、综合性金融服务三方面的需求。[①] 与此同时,跨国公司在东道国面临政治、法律、劳工、环保等方面的风险时会水土不服,且对于项目进展中的某些问题,仅依靠跨国公司难以协调当地民众、地方和国家三方的关系,因而需要母国政府或官方机构从国家层面搭建并完善与沿线国家的合作平台或机制,从而帮助跨国公司妥善解决贸易摩擦、投资风险等问题。跨国公司金融诉求的回应主要在于金融合作,具体体现在东道国与母国的金融机构、产品、市场及基础设施的合作。不同层次及程度的金融合作对"一带一路"倡议具有不同的支持效应。

一、立足双边及多边高层会晤平台,建立"一带一路"国际金融合作机制

由于"一带一路"沿线部分国家存在地缘政治不稳定性、主权风险较高、经济环境较差等因素,中国与"一带一路"沿线国家"共商、共建、共享"的友好协商型国际治理机制还未完全形成成熟的模式。首先,中国以"一带一路"国际合作高峰论坛为契机,基于现有双多边合作协议,巩固自由贸易协定既有成果,整合亚洲基础设施投资银行等融资平台,实现"一带一路"经贸投资规则的有效统一,

---

[①] 《周小川:"一带一路"呼唤多层次多种类金融服务》,新华网,2018年4月12日,http://www.xinhuanet.com/fortune/2018-04/12/c_1122672973.htm。

第二章 "一带一路"倡议与跨国公司的金融服务诉求

建立"一带一路"国际金融合作机制,并逐步探索完善治理机制。①

其次,"一带一路"顶层设计不断完善,建设内涵外延充分拓展。② 中国同亚洲开发银行、亚洲基础设施投资银行、欧洲复兴开发银行、欧洲投资银行、金砖国家新开发银行、世界银行集团等多边开发机构合作支持"一带一路"项目。同时中央、地方政府部门及金融机构同不少国家的对口部门签署了合作协议或调解备忘录,加强金融合作和促进资金融通的力度。例如,与新加坡签署了"一带一路"合作备忘录、福建省商务厅与孟加拉国工商联合会签订建立经贸合作伙伴关系备忘录、深交所与多个"一带一路"相关国家和地区交易所签署合作备忘录、上海黄金交易所分别同迪拜黄金与商品交易所以及匈牙利布达佩斯证券交易所等机构签署了合作备忘录,等等。这些都为"中国方案"的国际金融公共产品做出了实质性探索。

二 支持金融业稳健运行创新发展,构建多层次多渠道高水平投融资体系

在 2018 年版《外商投资准入特别管理措施》中,中国国家发展和改革委员会、商务部对中长期所有金融领域开放的格局和力度进行了规划,增强了开放的可预期性和中国及国际金融业对"一带一路"建设的支持能力。"一带一路"投融资体系在倡议提出后,就配备了提供专项基金和贷款的机构,包括丝路基金、亚洲基础设施投资银行、金砖国家开发银行、上海合作组织银行联合体等国家层面合作的金融机构,以及大型跨国公司联合"一带一路"金融机构组建的专项基金或投资平台。这些机构均支持沿线及相关国家基建融资需求,例如,2017 年通用电气旗下能源投资部门与丝路基金共同出资 5 亿美元组建了联合投资平台,集中投资"一带一路"沿线国家和地区

---

① 吴润生等:《以命运共同体理念推进和引领"一带一路"机制建设》,《中国发展观察》2017 年第 22 期,第 16—19 页。
② 傅梦孜:《"一带一路"五年历程波澜壮阔》,《光明日报》2018 年 6 月 24 日。

的绿色能源领域。

中国同时整合国内政策性银行机构、开发性金融机构、商业性金融机构以及援助资金等不同类型的融资平台，运用产业基金、互惠贷款、绿色气候债券等多样化创新金融工具，与沿线及相关国家进行市场开发、联合投融资、联合运营，构建多层次、多渠道、高水平的投融资体系，共同建设"一带一路"，共同承担和防控风险，共享经济发展成果。国内金融机构目前支持境内外外币主账户在内的多种账户类型，并提供限额管理、自动轧差、调拨计价等服务，满足跨国公司多元化外汇资金集中管理业务需求，为跨国公司降低跨境调拨财务成本，提高资金使用效率提供有力支持。截至2017年末，中资银行共参与"一带一路"建设相关项目2600多个，累计发放贷款超过2000亿美元。[1] 参与的项目主要集中于交通基础设施建设、能源开发和装备制造及出口等领域。[2]

三 推动人民币国际结算体系建设，打造"一带一路"综合性金融服务

随着中国经济实力的增强和对外贸易规模的不断扩大，人民币的国际影响力日益提升，人民币已成为被广泛认可和接受的结算和支付货币，人民币国际化已成为必然趋势。而作为中国构建全方位对外开放新格局的两大战略，"一带一路"倡议为人民币国际化创造了契机，"一带一路"与人民币国际化相辅相成。

中国是许多"一带一路"相关国家的第一大贸易伙伴及重要投资来源国。伴随着经贸关系逐步加深，推进人民币与沿线国家货币的直接挂牌、兑换和交易的紧迫性不断增加。"一带一路"基础设施建设

---

[1] 周小川：《有效发挥金融在"一带一路"建设中的重要支撑作用》，《中国经贸导刊》2018年第16期，第4—5页。

[2] 范思立：《"一带一路"行稳致远 不断获国际认可》，《中国经济时报》2018年3月26日。

第二章 "一带一路"倡议与跨国公司的金融服务诉求

项目的推进将会增加相关国家之间的货物及服务贸易，从而产生更多的结算、外汇兑换、现金管理等跨境金融诉求。"一带一路"在促进国际贸易和投资的同时，也为海外金融市场提供了充足的人民币流动性，成为人民币国际结算体系建设的关键性平台。

人民币国际合作成效显著。中国大力发展人民币跨境支付系统（CIPS）、双边本币互换、人民币国际清算银行、人民币石油债券等人民币结算体系基础设施。截止到2017年末，中国已经有10家中资银行在26个"一带一路"国家设立了68家一级分支机构[1]；人民币清算银行的数量已经达到24家，其中"一带一路"沿线国家和地区有18家，逐渐形成资本输出与贸易回流的良性通道，满足跨国公司的结算及现金管理等需求。截至2018年末，人民银行与39个国家和地区签署了双边本币互换协议，与12种货币形成了直接汇率。中国通过货币互换机制向沿线21个经济体提供人民币流动性支持，增加了沿线货币直接报价交易数量，使得人民币的锚货币职能显著增强，降低了跨国公司建设"一带一路"的外汇交易风险。

第三节　跨国公司金融诉求回应的远期规划

目前中国金融服务机构回应跨国公司的金融诉求，主要体现在跨国公司业务所在的东道国与母国的政治互信、金融机构合作等方面。人民币国际化的进展喜人，但国际化程度及格局还有待提升。此外，已有金融服务已经满足不了现代金融创新化、需求个性化的互联网时代的要求。随着互联网的兴起，截止到2018年，全世界网民数量为43.88亿，中国网民数量达8.29亿，互联网已经基本渗透到各行各业、生活工作的方方面面。互联网新金融模式、大数据的运用，使得传统的银行金融业面临更多样化的挑战，回应跨国公司个性化金融服

---

[1] 周小川：《有效发挥金融在"一带一路"建设中的重要支撑作用》，《中国经贸导刊》2018年第16期，第4—5页。

"一带一路"与跨国公司金融管理

务诉求的新思路应运而生。

一 人民币国际化协同"一带一路"建设稳步发展

随着中国经济实力的增强和对外贸易规模的不断扩大，人民币的国际影响力日益提升，人民币已成为被广泛认可和接受的结算和支付货币，人民币国际化已成为必然趋势。"一带一路"倡议为人民币国际化向西开拓出发展区域创造了契机，人民币国际化也为参与"一带一路"建设的跨国公司有效降低外汇交易风险提供了有力支持。

人民币国际化能够有效支持和保障"一带一路"建设，因为人民币国际化会便利中国与"一带一路"沿线国家的贸易结算，包括降低贸易的成本、增强贸易的便利性、提高贸易的效益，还能够避免美元大幅度波动所带来的汇率风险等。但是在"一带一路"沿线及相关国家推进人民币国际化也面临着显著的货币错配风险、资金期限结构错配的风险。

二 创新互联网金融，优化"一带一路"金融资源配置

随着互联网技术在金融服务领域中的广泛应用，互联网金融也进入了积极发展的繁盛时期，互联网金融实现了人才、技术、渠道、产品与客户的无缝对接，加快了彻底改变了金融行业分业经营的局面，从而呈现混业经营的大趋势。跨国公司可以通过互联网金融平台及其提供的产品，获取更为便捷高效的金融服务，如网上银行、第三方支付、电商信贷、P2P信贷等。"一带一路"倡议为互联网金融创新提供了宏大的发展平台，也为中国金融业走向全球市场提供了丰富的业务机会。"一带一路"不仅会带动中国和沿线国家经济发展，也会带动金融发展。抓住了这个机遇，国际、国内两个不同的市场在金融产品的创新、服务的创新、市场的扩大、互联网金融的发展等方面，都会更贴合跨国公司的金融诉求。传统市场经济通过价格机制来实现资源的配置，但配置的福利效应却不一定最优，而互联网金融的深入发

展将优化金融资源配置。互联网金融凭借着便捷、低成本、高效率、风险管控等优势，将会有效改善信息不对称造成的市场失灵。同时，互联网金融也能够促进客户评级和金融产品评级更加有效匹配，满足投融资主体的风险管控需求，优化"一带一路"金融资源配置。

三　大数据应用助推"一带一路"综合性金融服务体系构建

随着互联网技术在社会活动中的广泛应用，人的行为、企业经营、政府管理产生了大量的数据，为了使其变成有价值的数据，需要通过对这些数据进行分类归总和对比分析，以更好地满足客户日趋多样化及差异化的个性化需求。习近平主席强调，"推动大数据、云计算、智慧城市建设，连接成21世纪的数字丝绸之路"[①]。麦肯锡全球研究院（MGI）和麦肯锡商业技术办公室的调研报告《大数据：下一个创新、竞争和生产力的前沿》提出：所谓的大数据指的就是那些大小超出常规的数据库工具获取、存储、管理和分析能力的数据集，只不过大数据关注的重点是"如何快速地从大量数据中获取有效信息"。互联网、云计算、物联网的普及，让数据呈现爆炸式的增长，大数据时代已经到来。在"一带一路"倡议助推经济全球化、共享经济发展的主题下，海量的业务数据以及实时处理能力是跨国公司大幅提升运营效率，更好地利用其数字资产价值，获取持续的竞争优势，成为数据时代赢家的必备条件。

（一）企业财务共享服务

在中国跨国公司建设"一带一路"的进程中，若采用原来的公司管理体制，比如在"一带一路"沿线及相关国家设立分支机构的同时，设立行政管理、财务等支持性部门，其人员和资金的重复投入和冗杂会造成运营成本高、效益低的问题，容易影响企业的壮大和发展。此外，由于境外投资项目较为分散、会计主体较多以及核算层次

---

① 习近平：《携手推进"一带一路"建设——在"一带一路"国际合作高峰论坛开幕式上的演讲》，人民出版社2017年版，第10页。

"一带一路"与跨国公司金融管理

较广，跨国公司的财务管理面临着新的挑战。很多跨国公司建立的旧式财务共享中心更多关注进行账务处理的财务会计。随着信息技术的广泛应用，财务会计操作由于具有标准化和流程化的特点，能够被财务共享服务中心集中处理。通过对互联网大数据的价值提取，运用互联网云计算，跨国公司可以构建符合自身需求的企业财务共享系统，实现财务流程标准化，发挥规模效应，节约成本，并提升企业的核心竞争力。

当大数据时代全面来临，当财务管控遇到大数据，"财务云"应运而生。"财务云"能够将跨国公司财务共享管理模式与云计算、移动互联网、大数据等计算机技术进行有效融合，实现会计智能化、审计信息化，做到事前风险预警，是财务共享服务中心的升级版。借助"财务云"，跨国公司既能提升工作效率，改善会计信息质量，实现经济效益，同时也可以帮助管理层综合多元、个性化会计数据进行科学的经营决策。

（二）信息咨询透明公正

随着全球经济和电子信息的发展，以及市场竞争的深化，大数据通过多年积累已经汇集了大量"一带一路"沿线城市政策、商贸等数据。大数据产品供应方可通过自主研发集交易、监督和公共服务为一体的"一带一路"大数据共享平台，采集和分析招投标及其他投资活动的相关数据，深度挖掘其价值，发布"一带一路"沿线国家的投融资信息以及项目合作信息，实现各电子招投标及其他投资需求平台之间的信息共享。大数据的应用极大提升了中国企业与"一带一路"沿线国家的投融资服务水平。

大数据分析可以帮助跨国公司精准匹配到招投标项目，并获得项目的履约情况。在此基础之上，招标人能够科学地确定招标项目的方式、条件、评标办法，了解投标人的项目实施经验及能力；投标人也能够评估自身能力后再投标，从而提高项目招标的质量和效率。招投标双方及代理方的服务质量在大数据下将被以数据化、可视化的形式呈现，这将强制规范各方的行为。合理高效的招投标及其他投资活动的大数据平台，能够确保项目规范、有效实施，保证项目质量，提高经济效益，维护国家利益，有效提升"一带一路"基础设施建设项目招投标的开放性、竞争性和透明度。

(三) 贸易投资分析支持

大数据技术能够对"一带一路"海量数据进行搜集、清洗和存储，提供基础数据查询功能。通过对沿线国家进行贸易分析、投资潜力分析、投资收益分析、项目盈利能力分析，以及"预期"事件发生概率，大数据能够为"一带一路"沿线国家的投资合作活动提供专业化服务支持和保障。不过需要指出的是，上述海量数据分析的前提是真实数据的可获取性和时效性。一方面该类数据较为复杂，缺乏统一的数据结构和分析算法，并且涉及不同国家的差异性。另一方面，跨境资金流动产生的数据的获取不易、真实性查验成本高。

虽然目前大数据分析面临一定的局限性和困难，但随着大数据科技的发展，智能化学习的趋势愈加明显，这些问题将会逐步得到解决，并且预期未来我们还可以利用大数据分析智能化发现投资方向，预测经济发展、行业竞争、投资项目盈利等情况和趋势。跨国公司在应用基于大数据的金融服务产品时，对特定问题可以考虑用大量数据为基础进行建模分析，借助海量数据分析为公司经营战略决策提供参考依据。

第三章 "一带一路"倡议下跨国公司融资

"一带一路"倡议是新时期中国全方位的对外开放，2015年首次提出践行"一带一路"倡议的首要目标——实现政策沟通、设施联通、贸易畅通、资金融通、民心相通（"五通"）。其中，资金融通就是深化区域金融合作，拓展金融合作主体，丰富金融交易方式，实现更具流动性的资金交流。因"一带一路"参与国众多，涉及项目广泛，其存在的资金缺口亦是庞大，很大程度上需依赖合作主体投融资缩小资金缺口，以保证各项目的正常推进，进而持续推进"一带一路"建设。可见，在"一带一路"建设中，资金的合理配置起到重要的支撑和带动作用，良好的投融资模式有利于提升资金流动性，弥补资金缺口，持续推动"一带一路"建设，促进沿线各国共赢发展。

第一节 "一带一路"倡议下跨国公司的融资环境

现阶段，"一带一路"沿线国家经济处于中等水平，尚处于工业化革新、城市化起步或加速阶段，面临基础设施落后、缺乏技术和经验、资金短缺等现状，制约了"一带一路"合作项目的开展。而随着经济一体化格局的逐步铺展，以"一带一路"沿线国家为代表的中等偏上收入、中等偏下收入、低收入国家，各项国际竞争力指标并不优良，且其进一步发展经济所面临的资金缺口愈加扩大，尤其是在基础设施建设领域。完善基础设施是"一带一路"倡议的重要努力方向，而基础设施建设通常具有周期长、耗资大、收益慢等特征，这些特征决定了落实"一带一路"倡议的投融资需求极大，急需通过一系列内外部融资获取充分的资金支持，从根本上解决"一带一路"沿线国家经济发展困难背后的基础设施落后问题，优化各项竞争力指标，从源头上逐步消除导致国家经济发展困难的因素。

一 基础设施建设融资需求大，政策性融资形式恐难满足

仅就"一带一路"沿线国家基础设施建设的资金需求而言，存在较大的融资缺口。IMF发布的《世界经济展望（2017）》提出："一带一路"建设逐步开放，其受众、参与群体有望进一步扩大。现阶段，参与"一带一路"建设的国家经济发展水平整体处于低位，基础设施建设落后乃其最为严峻的现实问题之一。根据亚洲开发银行测算，32个亚洲开发银行成员国平均每年用于基础设施建设的投资约为0.8万亿美元，其中，约0.55万亿美元用于新增基础设施建设，约0.25万亿美元用于维护已有基础设施。但就现实投资情况而言，亚洲开发银行和世界银行两大金融机构在亚洲地区的基础设施建设投资总计约0.03万亿美元，仅能满足该地区约3.75%的基础设施建设资金运作需求，政策性融资规模有限，远远不能改善"一带一路"沿线国家的基础设施。而同时，"一带一路"沿线国家基础设施建设进入加速期，投资总规模或高达6万亿美元。据中国人民银行金融研究所测算，2016—2020年，"一带一路"沿线国家和地区基础设施建设每年资金需求按最低方案估计，为1.3万亿—1.9万亿美元，中国在其中注资0.7万亿—1.1万亿美元。目前，从现有资金供给情况看，无论是"一带一路"沿线国家和地区自身还是世界银行、亚洲开发银行、丝路基金等，都难以满足基础设施建设的资金需求。

二 以中国为代表的跨国企业开发性融资兴起

针对"一带一路"建设的资金供给，以亚洲开发银行、世界银

行、丝路基金等为代表的政策性融资形式已不能较好地满足融资需求，融资缺口的填补亟须另寻途径。在此资金短缺背景下，"一带一路"倡议的发起国——中国，起到了极为关键的作用。中国对"一带一路"沿线国家基础设施建设的注资主要以跨国公司投融资形式完成，中国企业正积极参与国际产业开发项目，在"一带一路"资本供给结构中起到至关重要的作用，且随着中国跨国公司在"一带一路"融资中逐步发挥能效，一种较为新型的开发性融资方式适时出现。依照两国政府间合作关系，中国企业直接参与项目运作从而间接为项目融资的方式有别于传统对外直接投资或官方发展援助等融资方式，中国企业的国际化连同主要来自中国的资金推动中国转变为全球资本提供者。

三 开发性融资尚存在缺口

目前，全球开发性融资存在极大的"缺口"。一方面，在过去的几十年间全球资本投资增长迅猛，可供投资的资本规模和全球资本流动规模均显著增大。然而，联合国发布的《世界投资报告（2018）》显示，2017年全球约2/3的资本用于间接投资而非直接投资，其中全球外国直接投资额为1.43万亿元，但主要流向发达经济体，2017年流入发达国家的外国直接投资为7120亿美元，占全球外国直接投资的比重为49.8%，流入发展中经济体的外国直接投资为6710亿美元，流向最不发达国家和结构脆弱经济体的外国直接投资降至470亿美元，较2016年下降幅度达27%，为2005年以来的第二低水平。

可见，流向最不发达国家和结构脆弱经济体的直接投资不稳定且规模很小。并且，全球投资供给规模的增长并未带来流向实体经济和生产的直接投资的增多，尤其是基础设施建设需求较大的发展中经济体接受的外国直接投资并未见显著增长。

另一方面，世界范围内实体经济、产业开发、基础设施部门均需要资本投资，无论发达经济体还是发展中经济体。2006年经济合作与发展组织发布的《发展援助进展及政策》指出：2005—2030年全球基础设施建设所需投资达到53万亿—71万亿美元，其中很大一部分来自发达经济体。在发达经济体，基础设施领域一般由政府提供资金，随着流入该领域的公共支出减少，该文件希望私营部门能够在满足基础设施投资需求方面发挥作用。

亚洲开发银行2017年发布的年报中有关基础设施建设的部分也持类似观点，该报告指明：亚洲45个发展中经济体在接下来的15年间（2015—2030年）基础设施所需投资将达到26万亿美元，每年需1.7万亿美元，而每年所需投资相当于2016年全球直接投资的实际规模。该报告发现，亚洲发展中经济体的基础设施投资只能满足当前一半需求，且多数投资由公共部门提供。

综上，开发性融资存在以下三大缺口：全球资本规模与实际直接投资间的缺口，实际直接投资与流向基础设施领域的投资间的缺口，用于开发项目的直接投资与长期基础设施开发项目的资金需求间的缺口。并且，开发性融资正面临一大挑战，即如何吸引、引导公共部门甚至是民营资本，将资金投向亟待融资的基础设施领域，开发性融资供需缺口急需更广泛的融资来源和强化现有融资方式。

由此可见，在"一带一路"建设中，无论是基础设施的互联互通，还是经贸合作的不断深化，都需要大量的资金融通，每一步都离不开金融的支持，近年来，越来越多的中国企业"走出去"，金融机构海外布局的数量明显增多，服务能力显著提升，但仍无法满足与日俱增的融资需求。"一带一路"倡议需要多层次、多元化的融资方案进行对接，需要中国跨国金融机构与开发性金融机构、政策性金融机构以及境外金融机构的积极合作对接，并进一步推动民间资金、社会资本的全面参与，形成成本可接受的融资方案，从而突破"一带一路"建设的融资瓶颈。

第二节 "一带一路"倡议下跨国公司的融资渠道

本节把"一带一路"建设中涉及的融资渠道分为三种类型：第一种类型为政策性融资，因"一带一路"中诸多项目所需启动资金较多、风险较高，大部分商业性金融机构不愿进入，主要借助以亚洲基础设施投资银行、丝路基金、国家开发银行为代表的国际组织，对"一带一路"建设中的资金缺口进行投融资；第二种类型为商业性融资，国际组织的投入作为良好的启动资金，历经第一阶段的运营，项目风险已极大降低，此时的风险水平已满足商业性资金进入的偏好需求，商业性资金投融资意愿强烈，以商业银行、债券市场、保险市场、民营资本为代表的商业性融资涌现；第三种融资形式紧密契合"一带一路"的发展，是一种开发性金融融资形式，其通过跨国公司投贷联动，即跨国公司对项目或业务提供资金支持，同时参与运营此项目或业务，实现投资与贷款的联动。此三种类型的融资形式互相补充，共同支持"一带一路"项目的落地。

可见，"一带一路"建设融资大致呈阶段性发展：在建设初期，受制于风险敞口大、盈利模式不明朗、运作周期长等现实问题，主要依靠国际组织的资金援助来启动项目；在建设中期，随着项目逐渐步入正轨，呈常态化发展，风险水平显著下降，但维持项目正常运作的资金需求进一步扩大，融资缺口再次显现，此时，可借助社会上较为普遍的融资形式，在广大商业性组织、社会民众间筹集资金，但这一融资形式可能和"一带一路"项目脱节，不能完全保证项目收益和投融资金额成正比；在建设中后期，同"一带一路"建设相挂钩的融资模式强力发挥作用，开发性融资形式应用于具体项目，且投资方真正参与项目管理，投融资风险得以削弱，是针对"一带一路"项目建设采用的一种创新性融资方式。

一 政策性金融融资形式

（一）亚洲基础设施投资银行。亚洲基础设施投资银行（简称"亚投行"）成立于2015年12月25日，是首个基于中国倡议设立的多边金融机构，通过主权国出资、捐赠、低成本发行国际债券进行融资，以支持亚洲区域的基础设施建设，截止到2018年末共有93个正式成员。就中国在亚投行中所作的贡献而言，中国初始注资1000亿美元，用于支持亚洲区域能源合作、城市发展、交通物流运输领域基础设施的建设。因亚投行的作用区域与"一带一路"途经亚洲部分高度重合，中国跨国公司参与"一带一路"建设，可通过亚投行这一政府性质的多边开发机构，获取资金支持。

（二）丝路基金。丝路基金是在"一带一路"背景下应运而生的，于2014年正式运行，专门为"一带一路"沿线国家基础设施建设、能源开发、产业合作、信息畅通等项目提供资金支持服务。丝路基金由中国外汇储备、中国投资有限责任公司、中国进出口银行、国家开发银行共同出资成立，注册资本为100亿美元，定位于中长期开发性投资基金，以股权投资为主，债权、贷款、基金为辅的多种投融资方式相结合，为"一带一路"建设和双边、多边互联互通提供投融资支持。

（三）多边开发金融机构。多边开发金融机构是主要依靠发达国家提供初始资金支持，后续通过一系列多边融资形式，积攒一定的社会公共资本，为发展中经济体提供资金支持、专业咨询的国际公共机构。在"一带一路"建设中多边开发银行为各项目的有序开展提供了较为充沛的资金支持，如世界银行、亚洲开发银行、泛美开发银行等，它们通过股本融资（资本金、留存收益）和债务融资（发行债券、项目融资、银团贷款）进行资金融通，为"一带一路"建设提供资金支持。因项目投融资存在一定的风险敞口与预期盈利，故融资方式前后两阶段稍有不同，前期主要采用股本融资形式，后期主要依赖长期债务融资，因该债务融资以国际银行组织为信用支撑，平均融资成本不超过融资额的1%，在"一带一路"建设资金融通中应用较广。

二 商业性金融融资形式

"一带一路"建设中，政策性融资起到初始先锋引领作用，其后，商业性融资逐步融入，主要通过商业银行借款、债券市场发行债券、保险市场筹集资金、政府民间混合筹资的PPP、投资与贷款联动、资金供应链等形式开展。

（一）银行体系

"一带一路"建设的铺陈开展所需资金量庞大，其资金需求必定具备周期长、体量大的特征，基于此，稳定且规模较大的银行体系无疑是商业性融资形式的首要选择，它为"一带一路"建设提供长期的、市场化的、互利多赢的金融保障支持。为此，中国诸多商业银行积极制定多项信贷便利措施，提供银团贷款、产业基金、互惠贷款等多样化的融资渠道，在资金上为"一带一路"中跨国公司参与建设提供资金保障，助力涵盖交通、能源、通信领域的一系列设施建设项目顺利落成。同时，中国的诸多商业银行纷纷在"一带一路"沿线各国设点、走线、联网、布局，在地域要塞设立跨国分行，旨在通过以点连线、以线带面，铺陈设立一批金融企业，为"一带一路"建设提供融资服务的同时，更好地促进沿线各国金融合作。

（二）债券市场

"一带一路"建设是一个长周期过程，仅依靠小范围主体融资明显动力不足，为此，应拓宽融资主体，考虑到债券市场独具风险分散、流动性强、透明度高、融资成本低等优势，可以将"一带一路"项目融资同债券市场相结合，"一带一路"人民币债券应运而生。根据融资的客体不同，可将"一带一路"倡议下的人民币债券分为离岸债券、在岸债券，前者指在中国境外发行人民币债券，如中国跨国公司在"一带一路"沿线区域设立分公司,通过发行人民币债券形式在他国筹集资金,后者指境外发行者在中国国内发行人民币债券,如中国跨国公司通过在国内发行债券筹集资金,用于投资境外"一带一路"项目。发展"一带一路"人民币债券市场,直接为"一带一路"项目建设提供了资金支持,更间接促进了中国企业迈出国门,加快了中国企业"走进""一带一路"沿线国家的步伐,加快了人民币国际化进程,提升了人民币的国际影响力。

(三)保险市场

不同于银行、债券市场,通过保险市场进行融资更具稳定性,但这一融资形式参与主体有限,所筹集的资金规模较小。根据保险资金的作用效果,可将其分为两大类,一类主要通过资管计划定向投资于"一带一路"沿线国家基础设施建设、产业园区建设等重大项目,通过合理管控资金,直接作用于项目建设;另一类则用于同其他金融机构进行合作,在一定程度上削弱、转移项目风险,降低项目的准入门槛,以保证更多金融机构为项目提供资金支持。

(四)PPP模式

PPP模式是一种政府与社会资本共赢合作的模式,主要用于大型基础设施建设、资源开发等项目,充分适用于"一带一路"建设。为此,政府借助内外因素,按照特许经营的方式,同社会投资方签订某种合同或协议,将境内的民营资本引导至境外的"一带一路"建设项目中,在拓展境内资金投资渠道的同时,有效改善项目融资困难这一现状。

(五)供应链金融模式

"一带一路"建设推进过程中,大企业的作用功不可没,但中小企业的效用也不可忽视,自中国加入WTO迄今,中小企业的对外出口、投资对国民经济的贡献率持续攀升,且中小企业作为大型企业的上游供应方、下游承销方,同大企业构成社会生产完整产业链。为保障产业链完整,大企业和中小企业都不可或缺,可见"一带一路"

倡议下中小企业走出国门、谋求发展的愿望同样不容忽视。但中小企业存在抗风险能力差、品牌自主程度低、投资过度盲目、政策性扶持少、金融机构支持意愿低等劣势，供应链金融模式应运而生。以大企业为核心，整合信息流、物流、资金流，将大、中、小企业所对应的产、供、销直至最终用户衔接为完整产业链，如在"一带一路"建设过程中，将大型企业和为其服务的中小企业打造为利益共同体，大企业对与其相关联的中小企业有增信作用，金融机构在服务大企业的同时，可以一并为中小企业提供资金支持，从而实现产业链整体最优。

三　开发性金融融资形式

"一带一路"沿线的众多发展中经济体，多数不具备融资能力，主要依靠发达经济体和国际组织的官方发展援助弥补其融资不足，但这种政策性融资形式在融资数量上存在一定限制，因此，这些国家同时也借助于以中国为代表的国家所提供的商业性融资支持。不管是政策性融资还是商业性融资支持，均属于传统类型的融资形式，具有风险较大、对外依赖性较强的特性，不利于发展中经济体持续性发展。为此，发展中经济体可进一步扩展开发性融资渠道，将实体产业开发与融资项目相结合，首先借助政策性和商业性融资形式奠定资金基础，其次通过开发性融资进一步实现投贷联动，促发展中经济体持续发展。因此，随着"一带一路"的步步推进，基础设施建设项目资金缺口较大，发展中经济体可进一步拓展开发性融资渠道，下文将就开发性融资的新形式进行简要阐述，并分析"一带一路"基础设施建设中以开发性融资形式进行融资的项目案例。

就开发性金融融资形式而言，大致可分为以下三类：

一是经由中国国家开发银行、中国进出口银行和其他国家融资机构，向参与和运营项目的中国企业提供金融支持；二是政府对企业参与和运营海外产业开发项目给予实质性的金融支持，如政府向企业提供贷款、补贴、信贷和各种其他形式的支持以及企业通过与项目所在国政府合作取得政治和制度支持等；三是一种基于项目的新模式，即中国企业正在从项目的承包商转变为项目的运营商、管理者、组织者以及项目的利益相关者，实现了从基于贷款的开发性融资到投资驱动的开发性融资的转变。

前期较为主流的融资形式主要是基于官方贷款或援助或两者组合的"资源换基础设施"开发性融资，即由发达经济体政府或国际组织向东道国政府提供官方发展援助，用于指定项目融资，中国企业则作为承包商参与。然而，中国企业仅是承包商，不参与项目的运营与管理，这无疑加大了中国企业的融资风险，如东道国高昂的债务、不稳定的资源价格和项目后续投资滚雪球效应不断减弱、项目对当地就业和发展等经济活动的影响越来越小。现如今，中国企业参与产业开发项目的模式发生了明显变化，中国企业直接参与、建设和运营项目，借助自筹、中国国有银行融资和社会资本等完成融资。这种跨国产业开发驱动下的对外直接投资模式有助于将全球资本流动中大多分散开来的公共部门开发性融资和私人部门对外直接投资结合起来，此即全球范围内投资带来的跨国开发性融资。

本节通过3个与"一带一路"相关的开发性融资案例，进一步分析说明这种新的融资形式。

一是"中国—巴基斯坦经济走廊"（CPEC）。中巴经济走廊建设涉及一系列有关能源、供水、港口、公路、铁路、产业园区、轨道运输、光纤等的基础设施项目。2014年，中国和巴基斯坦签署中巴经济走廊能源合作项目协议，中方向该项目融资460亿美元，2015年提升到570亿美元，2017年又提高到620亿美元。随着政府间合作的推进，各种形式的中国资本开展实际融资活动，为这些项目进行融资的主要形式也在发生变化，从通常的给予巴基斯坦政府并由其用于国内项目的政府捐赠和贷款，转变为由中国国有金融机构向参与和组织这些项目并作为项目的利益相关方的中国企业提供商业和政策性贷

"一带一路"与跨国公司金融管理

款。如中巴经济走廊中的拉合尔轨道项目,由中国铁路总公司和中国北方工业公司承建,中国进出口银行提供资金支持;卡罗特大坝项目由中国三峡集团投资,中国丝路基金、中国进出口银行、中国国家开发银行提供贷款,由中国水利水电第7工程局有限公司建设。

二是"中国—埃及苏伊士经贸合作区"(SETC)。中国—埃及苏伊士经贸合作区是中国早期在海外建设的产业园区,最初这是一个中国—埃及双方政府推动的官方发展援助项目,中国企业以"咨询机构"身份参与。2008年,天津泰达投资控股有限公司(一家中国产业园区开发和管理公司,持股75%)、天津开发区苏伊士国际合作有限公司(持股5%)和埃及埃中合营公司(持股20%)合资组建了埃及泰达投资公司,作为经贸合作区的所有人和管理运营方,负责经贸合作区的开发、建设和运营。产业园区或经济特区是中国企业群在当地制度性隔离环境内参与项目所在国产业开发的一个平台,可以让中国企业将其在母国的资源投入到跨国市场中,在与项目所在国的国内制度相隔离的同时,还可以与当地资源、经济利益、动作网络等相联系。开发建设产业园区是中国企业参与跨国产业开发项目的重要方式,实则也是一种吸引外资和实现开发性融资的有效方式。

三是"PayTM公司"。阿里巴巴不仅向PayTM公司注资,而且还通过蚂蚁金服带去管理和技术,以发展支持电子支付和金融服务的基础设施。PayTM公司和阿里巴巴的例子表明,一方面,传统的开发性融资和对外直接投资之间的差异已经不再明显,即便没有政府的支持和指导,私人资本也愿意流向广义的基础设施领域;另一方面,提供开发性融资的机构也能本着真正的商业和产业理性而开展业务,即在注资的同时附带管理和技术支持,同时,技术产业的发展反过来也有助于东道国为包容性融资发展提供基础设施条件。

结合上述案例,可以发现开发性金融融资形式具有4个鲜明的特点。

首先,用于产业开发的投资直接来自中国企业,而作为官方发展援助给予项目所在国政府的部分变得越来越少。这反映了产业利益与投资者能力以及东道国对产业开发资本的需求之间直接而有效的联系。它同样将中国企业的管理和技术投入项目。而中国企业在不同国家将资本投向基础设施项目的产业开发活动则保证了资本的供给。

其次，这些项目的资金主要通过中国各种融资渠道获得，其中很大一部分是国家资金，这些资金在传统开发性融资模式下，一般以官方发展援助形式流向受援国政府。投资引致的开发性融资形式与中国的经济增长方式密切相关。尽管这些企业的股权结构正在向混合所有制方向转变，但许多中国企业仍是国有企业。不过，它们要么拥有充实的资本，要么就是用于产业开发的国家战略性或政策性资本的主要接受者。一些企业本身很有竞争力并具有全球影响力，如阿里巴巴。参与跨国产业开发项目的中国企业，其资金来源非常广泛，既有如中国进出口银行、国家开发银行等国家政策性银行提供的国家资金，也有私人资本财团，还有中非合作基金、丝路基金这样的特别事业基金，以及多边金融机构，如亚洲基础设施投资银行等。中国企业参与这些项目所进行的融资，形式多样，包括政策性贷款、信用额度、补贴等。

再次，这一来源广泛和形式多样的资本与国家融资一起支持中国企业在不同国家运作，需要双边政府间的合作关系加以保障，以提供政治保障、制度支持，抵御商业风险。最初中国企业在不同国家参与产业开发项目主要由其自身商业利益和构建全球价值链、供应链、物流链的意图所推动。其他的则通过政府间开发合作以官方发展援助形式进行。新的政府间合作关系则提供联合政治保障以确保项目得以直接融资和运作。它们越来越多地在特别设计的制度平台上运作并得到保护，如通过产业园区、经济区，由一家主导的中国企业或财团组织管理区内的项目。政府间伙伴关系协定使得这些都变得可行。

最后，中国企业参与了各种类型的产业开发项目，包括产品、服务、平台和物流网络。它们不断深入和扩展的产业活动将通过产业活动间的链式效应引进更多的中国资本。它们的活动将扩展到其他部门。2015年阿里巴巴投资 PayTM 公司以发展电子支付基础设施，到了2017年又进行投资以发展其在线零售基础设施。中国—埃及苏伊士经贸合作区项目吸引了更多的中国投资，该项目正在打造中国企业在各个行业部门发展的新兴城市产业区，涵盖从制造到旅游、从能源到城市住房和公共服务等行业。

可见，融资形式经历了从基于官方发展援助的开发性融资向股权投资带来的开发性融资的转变，后一种模式涉及更多的中国企业在这些项目上的产业利益、经验和能力，需要吸引或推动中国国有或民间资本进入具体项目以参与产业开发，整合两国产业开发中的能动要素，将生产关系和不同国家的生产要素直接通过一个个项目联结起来，而企业成为产业开发项目的投资者和当地组织者，从而将两国产业开发的利益和能力紧密结合在一起。

第三节　多举措推进"一带一路"融资支撑体系建设

"一带一路"融资体系建设初有成效，但水平仍有待提升。为此，应多举措并行，以构建长期、稳定、可持续、风险可控的融资体系，统筹国际和国内资源、统筹政府和市场力量、统筹近期和远期建设、统筹多边和双边合作，实现互利共赢、风险共担，为"一带一路"建设提供安全高效的融资服务。

一　加强政府与社会资本合作，大力推广 PPP 模式

从资金性质看，用好政府资金的同时加强社会资本参与。"一带一路"建设涉及西北、东北、西南、沿海和内陆等地区的多个省（市、区），各地方已编制完成对接"一带一路"建设的工作方案，配套推出一系列基础设施、新型城镇化和公共服务项目。近年来，推行 PPP 模式成为各地基础设施建设和公共服务领域吸引社会资本参与

的主要举措。但中国PPP模式起步晚，与发达经济体相比处于较低水平，推广运用的实际进度远低于预期，为此，应大力推广PPP模式，吸引社会资本进入"一带一路"国内建设项目，拓宽融资渠道、降低融资成本、减轻财政压力。

为进一步加强政府与社会资本合作，大力推广PPP模式，可从以下方面着手：一是从制度层面着手，从政策法律层面规范PPP模式的运作方式，明确政府与民营企业的权责关系，保障民营企业既得利益；二是进一步完善国家信用体系建设，健全投融资领域相关主体的信用记录，通过征信水平来评判融资标准，切实削弱项目融资风险；三是择优选择项目，根据项目所体现的特征，针对性选择融资形式，PPP模式下的项目融资应具备可供政府、民间合作这一前提条件；四是保证信息的透明度，保障市场信息对称，实现充分公平竞争，保障民营企业的充分知情权；五是明确盈利分配机制，明确政府与民营企业的效益分配，提高社会资本回报率，增强项目吸引力。

二 利用政策优惠支持企业参与"一带一路"建设

随着"一带一路"倡议的逐步践行，国家应适时推出完善的配套支持措施，改善优化跨国公司的投资环境。一是政策支持民营企业参与跨国"一带一路"建设，《2017年度中国对外直接投资统计公报》显示，对外投资企业中民营企业占比高达60%—70%，它们逐步成为带动中资金融机构走出国门，开展海外业务的重要经济载体；二是在鼓励民营企业对外投资的同时，充分发挥政府市场调控者的作用，完善民营企业对外投资的顶层设计和战略布局，构建良好的营商市场环境，促进中资企业共同合作，引导中资与外资企业协调互动。

三 建立中小企业对外投融资平台，引导中小企业对外融资

尽快建立中小企业对外投融资平台，保障中小企业的资金流动性，促进大批中小企业走出国门参与"一带一路"建设。中小企业

存在一定的发展缺陷，有自发性、盲目性、信息不对称性等劣势，较大部分商业性金融机构出于此项考虑不愿为其提供融资服务，为此，政府市场引导者的作用即刻体现。为解决中小企业融资难问题，可基于源头和过程考虑：一方面政府应广泛收集境外投融资信息，建立中小企业对外投融资平台，以从源头上改善信息不畅通这一状况；另一方面政府可在企业融资过程中削弱、转移项目风险，如设立专用于风险补偿的基金组、严格量化担保机构准入条件、施行差别化全流程监管等。从源头加以支持，从过程施以引导，促进中小企业走出国门，助力"一带一路"建设。

四 大力发展直接融资，增强企业和项目的筹资能力

从融资结构看，用好间接融资的同时加强直接融资投入。中国人民银行统计，截至 2017 年 4 月，对实体经济采用的各融资形式占社会总融资规模的比例分别为：人民币贷款占比 67.5%、委托贷款余额占比 8.4%，信托贷款余额占比 4.4%，未贴现的银行承兑汇票余额占比 2.8%，企业债券余额占比 10.9%，非金融企业境内股票余额占比 3.7%。可见，现阶段中国企业融资仍以银行贷款等间接融资为主，股票、债券等直接融资较少。而间接融资存在杠杆率高、财务成本居高不下、债务违约风险较大、企业投资能力受限等缺陷，这无疑加大了中小企业的进入门槛，同时也加大了大型企业的风险暴露。为此，需加快完善资本市场建设，鼓励积极开拓直接融资，旨在通过优化融资结构来改善企业境外投融资背景，增强企业参与"一带一路"建设的能力和意愿。

第四章 "一带一路"倡议下跨国公司投资

"一带一路"建设是中国全方位开放的需要，也是推行新型全球合作的需要，其旨在推动沿线国家对接政策战略、实现合作共赢，其中，无论是设施联通、贸易畅通还是资金融通等，都与跨国公司投资密切相关。同时，由于"一带一路"相关国家的地缘差异等也为跨国公司投资带来了巨大风险。研究跨国公司投资对于"一带一路"和全球化来说意义重大，这不仅体现对各国民间积极参与战略的重视与保护，更是对国家层面合作的支持。中国发展跨国公司，可以更好地融入世界经济、参与世界分工与竞争。研究跨国公司的对外投资，不仅能帮助跨国公司自身发展，提高其在海外市场的竞争力，更能为其他企业海外投资提供好的范式，起到良好的示范和引导作用。对外投资在一定程度上决定企业海外布局的成败，直接关系到全球产业链升级和构建中企主导的产业链，也关系到经济新常态下"一带一路"倡议的有效实施。本章首先通过探讨"一带一路"背景下中国与沿线国家跨国公司的投资现状，以东盟为例分析了跨国公司投资的特点，接着从直接投资、间接投资、国际灵活投资三方面总结跨国公司的投资方式，最后从政府、监管部门、企业三方面提出相关的政策建议。

第一节 "一带一路"倡议下跨国公司投资环境

本节主要介绍"一带一路"框架下跨国公司投资环境，通过数据

"一带一路"与跨国公司金融管理

分析中国企业对"一带一路"沿线国家投资情况以及沿线国家对华投资现状,并以东盟为例阐述跨国公司投资的特点。

一 中国企业对外投资现状

表4-1显示中国企业2015年至今对"一带一路"沿线国家直接投资的情况,可以发现,从2015年至2018年,中国企业国际投资范围不断扩大,沿线投资国家数量从49个一度增加到59个,对外直接投资金额稳定为140亿—160亿美元。中国企业对外主要投资国家情况显示,一方面,投资地区以新加坡、印度尼西亚、泰国等东盟国家为主,另一方面,投资范围虽不断扩大,主要投资地域范围还有较大的扩展空间。

表4-1　　　中国企业对"一带一路"沿线国家直接投资　　　（亿美元）

年份	直接投资金额	投资国家数（个）	主要投资国家
2015	148.2	49	新加坡、哈萨克斯坦、老挝、印度尼西亚、俄罗斯和泰国
2016	153.4	53	新加坡、印度尼西亚、印度、泰国、马来西亚
2017	143.6	59	新加坡、马来西亚、老挝、印度尼西亚、巴基斯坦、越南、俄罗斯、阿联酋和柬埔寨
2018	156.4	56	新加坡、老挝、马来西亚、印度尼西亚、巴基斯坦、越南、泰国和柬埔寨等

资料来源：中华人民共和国商务部。

表4-2显示,与2015年相比,2018年中国企业对外承包工程数激增,从3987份增至7721份,大约翻了一倍,对外承包工程新签合同金额从2015年的926.4亿美元增长至2018年的1257.8亿美元,

完成营业额也不断增长。随着"一带一路"倡议的积极推进和发展，沿线国家对基础设施建设的需求不断增加，中国企业在交通运输建设、一般建筑和电力设施等方面凭借相对优势取得较快发展，承建基础设施，提升了中国企业承揽大型项目的能力的同时，也为中外企业合作提供了便利，使得更多互联互通项目得到推进，促进了中外产业、能源等合作，进一步提升对外承包工程需求。

表4-2　　中国企业对"一带一路"沿线国家承包工程情况（亿美元）

年份	对外承包工程新签合同数（份）	对外承包工程新签合同金额	完成营业额
2015	3987	926.4	692.6
2016	8158	1260.3	759.7
2017	7217	1443.2	855.3
2018	7721	1257.8	893.3

资料来源：中华人民共和国商务部。

海外并购方面，2015年中国企业对"一带一路"沿线国家实施并购101起，并购金额达92.3亿美元；2016年并购数量上升，但并购金额降至66.4亿美元；2017年尽管并购数骤降，但并购投资额增长至88亿美元。将并购金额除以并购数，对比2015年和2017年，可以发现，中国企业跨国并购呈现出并购数量减少，但单笔并购投资额增加的趋势，可能的原因之一是民营企业并购减少，国有或大型企业并购扩张。

商务部数据显示，2014—2016年，中国企业对"一带一路"沿线国家投资建设56个境外经贸合作区，为有关国家创造近11亿美元税收和18万个就业岗位，未来5年，中方对"一带一路"投资预计将达到1500亿美元。2012—2016年，中国企业通过对外投资合作，累计实现境外销售收入7.2万亿美元，带动进出口1.9万亿美元；跨

"一带一路"与跨国公司金融管理

国并购投资占对外投资总额的比重从31.4%上升至44.1%，已成为中企对外投资的主要方式，企业国际化经营能力和水平不断提高。

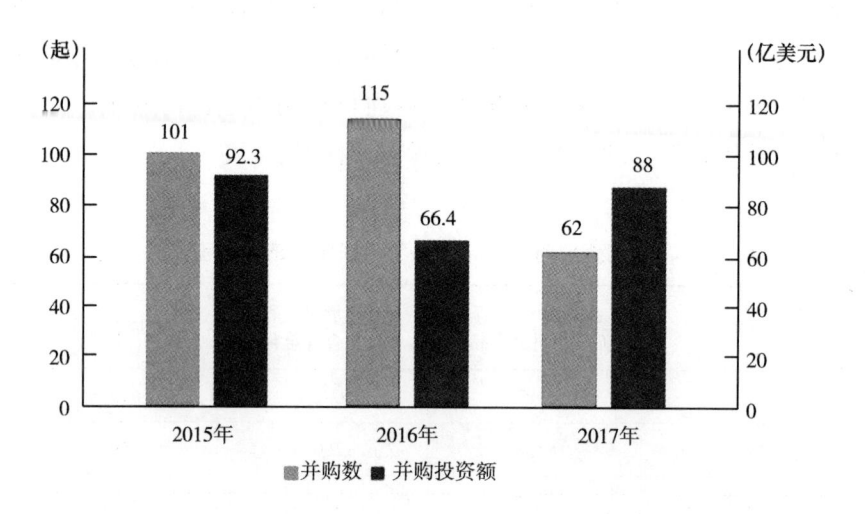

图4-1 中国企业对"一带一路"沿线国家并购情况

资料来源：中华人民共和国商务部。

在"一带一路"背景下，中国企业对外投资能力不断提升，在国际投资合作中逐渐增强自身的主动权，对外投资方式也从单一化向多元化发展，不仅仅局限于传统的贸易投资，而是转向技术性投资，对外承包工程方面也在不断向高附加值领域拓展，在设施联通中也起到越来越重要的作用。

二 外国企业在华投资现状

"一带一路"不仅促进了中国企业对沿线国家投资的积极性，也极大地吸引了沿线国家对华投资。图4-2显示，2015年至2017年，"一带一路"沿线国家对华投资新设企业数逐年稳步上升，且每年涨幅超过25%；其中，东盟国家对华投资每年新设企业数为1100—1300家，说明东盟国家对华投资较稳定。对比"一带一路"与东盟的数据发现，2015年东盟对华投资新设企业数约占"一带一路"沿线国家在华新设企业数的50%，而2016年与2017年其占比显著减少，说明其他沿线国家在华设立企业数逐渐增加。此外，欧盟28国对华投资新设企业数整体呈现上升趋势。

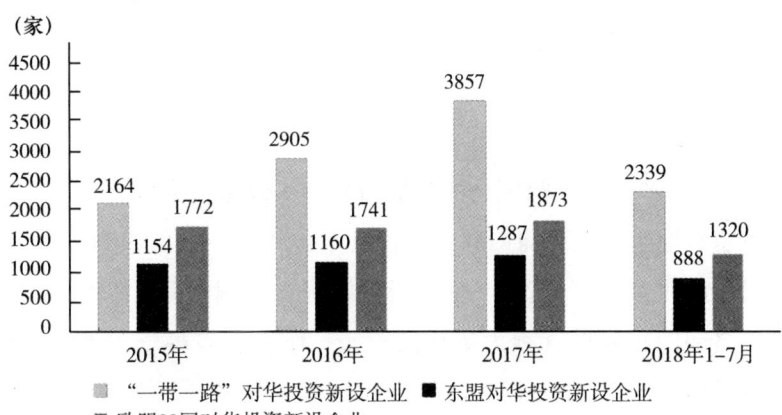

图4-2 外商对华投资新设企业

资料来源：中华人民共和国商务部。

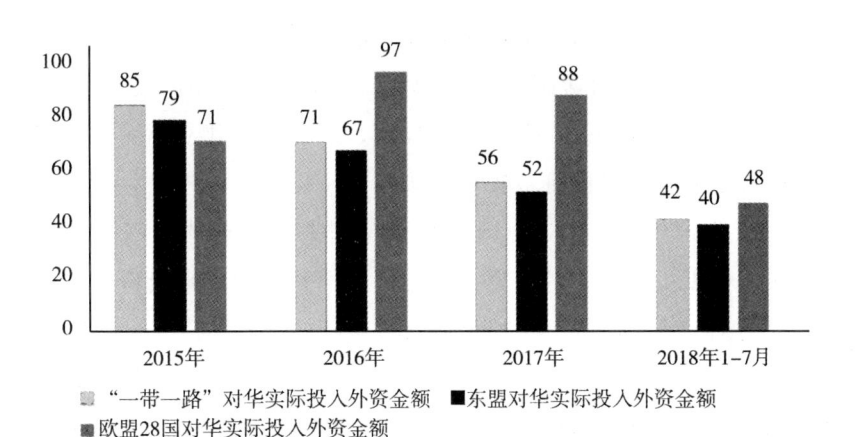

图4-3 外商对华实际投资（单位：亿美元）

资料来源：中华人民共和国商务部。

"一带一路"与跨国公司金融管理

外商对华实际投资方面,"一带一路"和东盟国家对华实际投资额逐年下降,其中,"一带一路"沿线国家2016年与2017年投资额同比下降分别为16.5%和21.1%,东盟国家对华投资降幅基本与其持平。相反,欧盟国家对华实际投资总体呈现上涨趋势,2016年同比增长36.6%,2017年虽有所下降,但依旧超出同年"一带一路"对华投资总额。

三 "一带一路"跨国公司投资特点——以东盟为例

东盟本地企业在东盟内部跨国投资十分普遍,并已成为东盟国家外国投资的重要来源。2018年东盟投资报告简况显示,2017年,东盟各国之间的相互投资额为270亿美元,作为东盟第一大外资来源,占东盟吸引外资总额的19%,其中新加坡、马来西亚和泰国投资最多,占比高达95%。此外,东盟内部的跨国并购也日趋活跃,2015年已达到80亿美元,占东盟地区跨境并购总额的39%。目前,印尼、马来西亚、菲律宾、新加坡、泰国和越南等成员国的投资者均已表明将继续在东盟内部进行更多的跨国并购。

跨国公司投资方式主要包括对外直接投资和对外间接投资。对外直接投资一般多采用跨国并购和绿地(新设)投资两种方式,跨国并购,即直接兼并国外企业,绿地投资,即在国外建立新企业。对外间接投资主要包括国际证券投资和国际信贷投资。此外还包括灵活投资等其他投资方式。在对中国与东盟跨国企业的整体投资进行分析后,我们依据世界银行的数据,主要从跨国并购和绿地投资两方面细化研究中国与东盟跨国公司投资的特点。

从表4-3我们可以发现,东盟国家中新加坡的企业跨境并购数量最多,2013年之后都保持在120家以上,整体呈现上涨趋势;马来西亚的企业跨境并购数在经历了2014年的高峰后开始回落;泰国的企业跨境并购数整体上升;印尼和菲律宾的跨国公司并购数稳定在20家以下,并且数值起伏较大;越南、文莱的跨国公司并购数较少；柬埔寨、老挝的企业跨境并购数约等于0。而中国企业的跨境并购数从2013年至2016年一直稳步上升，说明中国企业对外并购投资一直在扩张。

表4-3 　　2013—2017年中国与东盟企业跨境并购数　　　　（家）

地区/年份	2013	2014	2015	2016	2017
文莱	2	-1	—	—	—
柬埔寨	—	—	1	—	—
印度尼西亚	10	5	3	6	1
老挝	—	—	—	—	—
马来西亚	24	41	32	11	29
菲律宾	7	15	20	6	13
新加坡	95	141	131	141	128
泰国	15	28	25	31	39
越南	2	-1	—	1	3
中国	371	438	485	681	518

资料来源：世界银行。

跨境并购总额方面，在东盟国家中，新加坡的企业跨境并购额最高，每年并购额均不低于60亿美元；泰国的企业跨境并购额在2013年达到高位后骤跌，但2014年后又逐渐上升，至2017年有所回落；老挝、印尼的企业跨境并购额在经历几年的持续高位后逐渐回落；越南的并购额虽然起伏较大，但2017年相比2013年还是翻了几番。而中国2017年与2013年相比较，跨境并购额增长了一倍多，表明中国企业在增加对外并购企业数的同时也在不断提高并购的价值（见表4-4）。

表4-4　　2013—2017年中国与东盟企业跨境并购总额　　（百万美元）

地区/年份	2013	2014	2015	2016	2017
文莱	—	-1.468	—	—	—
柬埔寨	—	—	—	—	—
印度尼西亚	2216.918	1169.772	2403.857	173.603	1076.14
老挝	2322.123	1047.678	3904.121	1757.705	-606.556
马来西亚	—	—	—	—	0.6
缅甸	—	—	—	—	—
菲律宾	71.408	3238.521	1484.692	414.652	347.927
新加坡	6530.754	14049.332	20532.882	6280.482	12850.592
泰国	9601.845	-1498.198	1214.176	4482.81	2692.479
越南	7	26.618	-1.622	49.499	26.665
中国	51525.665	39249.857	51116.819	99331.08	130876.172

资料来源：世界银行。

绿地投资额方面，东盟国家中，新加坡企业的绿地投资额最高，且在2013—2016年一直呈现上升趋势，泰国企业也有着相同的趋势；马来西亚企业的绿地投资额也在2016年达到2013年约5倍的高峰；菲律宾企业绿地投资额呈现倒V形发展趋势，但2017年相较2013年依旧增加；越南的跨国公司绿地投资额也在跌宕起伏中出现了两个小高峰。中国的绿地投资额从2013年猛涨至2016年后开始回落。

表4-5　　2013—2017中国与东盟企业的绿地投资额　　（百万美元）

地区/年份	2013	2014	2015	2016	2017
文莱	—	140	—	5	—
柬埔寨	184	108	45	—	9
印度尼西亚	301	1204	715	218	165
老挝	—	81	283	—	—
马来西亚	4558	10925	9504	20165	4788
缅甸	160	—	—	210	—

续表

地区/年份	2013	2014	2015	2016	2017
菲律宾	1036	1998	1884	531	1219
新加坡	15729	18292	25688	26527	14856
泰国	5918	4001	14576	14673	3352
越南	1441	751	6273	2230	806
中国	40255	67892	61392	109907	54066

资料来源：世界银行。

综合三者的数据来看，在"一带一路"大背景下，中国与东盟大部分企业对外投资活跃度和投资金额均有所上升，这表明"一带一路"促进了中国、东盟与其他国家的对外投资与合作。我们在关注其整体表现的同时，也想进一步探讨跨国公司具体的投资方式。但我们也应该注意，"一带一路"给中国与东盟跨国公司带来机遇的同时也使其面临一定的风险，因此我们不得不关注投资风险及应对措施。

第二节 跨国公司投资方式

跨国公司投资方式分为对外直接投资、间接投资和国际灵活投资，其中对外直接投资主要体现为跨国并购和绿地投资，这两者也是最为常见的跨国公司投资方式；间接投资方式不直接控制管理企业的生产经营，主要分为国际证券投资和国际信贷投资；国际灵活投资相比直接投资和间接投资较为灵活多变，包括BOT投资、补偿贸易、国际租赁、国际工程承包等。本节主要从三种方式出发，介绍跨国公司投资方式的特点。

一 对外直接投资

企业对外直接投资，指企业以利于自身发展为目的，向国外投入资本等要素，通常伴随着掌握相应的企业经营权的投资方式，主要体现为跨国并购和绿地投资。跨国并购，包括跨国兼并和跨国收购，即一国企业通过收购他国企业的资产、股份等，实现对该企业实际或完全的经营管理控制权。跨国并购又分为直接并购和间接并购，直接并购即并购企业与目标企业间直接实现所有权的转移，间接并购则是并购企业在未通知目标企业的情况下，通过收购股票实现对其控制。绿地投资，又称新建投资，是一种传统的国际直接投资方式，即跨国公司等在国外直接创办新企业，其部分或全部资产归外国投资者所有的投资方式，之前在跨国投资中一直处于主要地位。绿地投资主要分为两种形式：一是建立国际独资企业，包括建立国外分公司、国外子公司和国外避税地公司；二是建立国际合资企业，包括股权式合资企业和契约式合资企业。对外直接投资的特点是不借助金融工具，由投资人直接将资金转移交付给被投资对象使用的投资，如持有子公司或联营公司股份等。

中国企业的大规模跨国并购于20世纪80年代开始，在1988年达到顶峰后，因为受到经济下滑的影响，加上之前众多跨国并购失败案例，跨国并购额锐减，并在1991年跌至谷底。90年代中后期，在发达经济体和发展中国家经济发展的背景下，跨国并购逐渐焕发新的活力，交易额和交易数量也不断增加，跨国并购更加积极。截至目前，中国企业对外投资的最主要方式仍然是建立国际合资企业，其中占比较高的是与投资国政府或企业合资设立，其次是中国独立投资建立，还包括与第三国共同出资设立。随着跨国公司对外投资的发展，投资伙伴不断增加，中国独资企业占比有所扩大，合资企业中中方投资占比也逐渐增加，意味着中国企业在跨国投资中拥有了更大的主动权和话语权。

跨国公司对外投资方式的选择，受到东道国环境、本国政策、企业经营优势、所处行业等多种因素的影响。一般情况下，若东道国的法律、制度较宽松，资产专用性程度较高或与本国经济联系较密切，中国企业对外投资倾向于绿地投资；若东道国制度较严，投资行业规模较大或者是投资某些能源类产业,则往往选择跨国并购。中国与外国在海外合作建立工业园区,也能为中国企业绿地投资提供便利。

一方面,中国企业积极实施绿地投资,如2016年中国广核集团在非洲国家纳米比亚投建湖山铀矿项目,2017年长城汽车与伊利托公司合作建立组装厂生产G5,并投资修建利佩茨克工厂生产哈弗H6车型。另一方面,中国企业海外并购也越发活跃。2016年中国信达资产管理股份有限公司以88.8亿美元在中国香港收购南洋商业银行100%股份,成为2016年中国企业最大的海外并购项目。而青岛海尔股份有限公司55.8亿美元收购美国通用电气公司家电业务项目、腾讯控股有限公司等41亿美元收购芬兰Supercell公司84.3%股权、天津天海物流投资管理有限公司60.1亿美元收购美国英迈国际公司、中国长江三峡集团37.7亿美元收购巴西朱比亚水电站和伊利亚水电站30年经营权项目,也分别成为各自所处行业海外并购的第一。

而中国吸引外资的投资方式以绿地投资为主,跨国并购处于从属地位。在绿地投资中,外方独资或投资占比不断增加。2018年,特斯拉公司在上海建立工厂,成为上海最大的外资制造业项目;英国石油(BP)于近期宣布,将在中国开展新一轮加油站网络扩张。随着中国市场进一步开放,放宽市场准入、简化程序,中国的投资环境进一步完善,将会吸引更多外商来华投资。

二 间接投资

间接投资与直接投资不同,其强调资产所有权与经营权的分离,投资者为了取得收益等进行投资,并不直接控制管理企业的生产经营。主要分为国际证券投资和国际信贷投资。国际证券投资,又称国际间接投资,指投资者为了获得金融性收益或分散投资风险,在国际金融市场上购买债券或股票的投资行为。国际信贷投资,该投资主体多为政府、银行,通过向借款的国家、银行或企业等提供资金,收取一定利息的投资形式。直接投资中的跨国并购和绿地投资,常常离不开间接投资方式,如在跨国并购中收购目标企业的股票,在绿地投资中向东道国借款来设立海外企业等。

三 国际灵活投资

国际灵活投资与直接投资和间接投资不同,是指双方就某一共同参加的商品生产或流通业务达成协议,采取一些灵活的方式进行的投资活动。主要包括 BOT 投资、补偿贸易、国际租赁、国际工程承包等。BOT 投资,即建设—经营—转让,投资国与东道国签合同,由东道国为投资企业提供项目或工程,投资企业只能在合同限定的期限内经营,期满后归东道国所有。补偿贸易是指投资企业从国外进口先进的设备、技术等,约定在一定期限内用产品或劳务等偿还的贸易方式。加工装配贸易,由国外企业提供全部或部分材料、设备,本国企业按其要求加工装配后发往国外销售,国外企业收取工缴费。国际租赁,包括融资性租赁和经营性租赁,是指一国企业通过支付租金,向他国企业租用生产设备,期满后可以回购。国际工程承包,指从事国际工程承包的公司或联合体通过招标与投标的方式,与业主签订承包合同,取得某项工程的实施权利,并按合同规定,完成整个工程项目的合作方式。

第三节 促进"一带一路"跨国公司投资

"一带一路"跨国公司投资虽然形式多样,但主要目的都在于促进公司的发展,研究跨国公司投资,梳理其投资现状和特点,也是为了更好地促进跨国公司投资。本节主要从政府、监管部门和企业三个层面提出相应的促进措施,希望能为跨国公司投资提供参考。

一 政府加大对跨国公司的支持力度

政府加大对跨国投资的支持力度,首先要鼓励企业积极进行对外投资。政府应建立对跨国公司境外投资的整体战略规划和指导，制定相关法律法规，加强对海外投资政策的宣传力度。加强国际合作，中国与东盟可以通过签订合理的投资保护协定、加强双方经济合作等，构建双方投资安全保障体系，为企业对外投资保驾护航。

　　跨国公司对外投资，一个重要问题就是融资，融资不畅会带来一系列问题。首先，企业境外融资大多依靠政府或银行，因此国有企业境外融资相对容易，民营企业等融资渠道较为狭窄，常常陷入融资困境；其次，中小企业由于人才、物资等匮乏大多欠缺利用国家融资的能力，对国家融资规则、环境的陌生也使其忽视了对国家融资的研究；最后，国家对跨国公司投资的支持力度和对融资的宣传力度都远远不够。因此，要使符合条件的企业对外投资的资金需求尽量得到满足，要鼓励国内金融机构加强对跨国公司的融资力度，适当放宽融资条件，建立完善的国内金融市场，畅通为海外企业输血的途径。此外还可以建立专项跨国公司投资基金，大力扶持符合条件的企业进行对外投资。

　　中国企业对外投资还处于发展阶段，信息的不对称性阻碍了对外投资的进程，使得国内企业尤其是民营企业"走出去"困难重重，资本、市场等领域信息的割裂与缺乏导致投资失败的案例并不少见，已经引起了政府和企业的高度重视。积极尝试搭建资源信息平台，通过提供投资目的地国家或地区投资政策等相关资料，建立投资管理数据库、知识库及信息系统，实现信息共享，为企业在海外经济活动打下基础。另外，在企业"走出去"投资后，政府的后续服务也要持续推进。强化对海外投资企业的服务力度，特别要注重投资后的跟踪服务，及时更新"一带一路"沿线各国的投资政策、法律法规等信息，减少信息不对称风险。

二　监管部门加强跨国投资监管力度

　　国家监管方面，跨国企业投资是一个长期、复杂的过程，政府监管体制落后、审批手续繁杂、缺乏事前监督机制、政府指导与监督的缺失等都对跨国公司投资造成一定的影响。国家要配套相关风险监管措施,为跨国公司投资提供便利;强化政府监管,避免国有资产流失;注重信贷发放在满足跨国公司需求和严格风险控制二者间的平衡。"一带一路"沿线部分国家经济相对落后,政策和法律的不确定性,也可能会对投资产生一定的影响,中国政府应积极依托国际机构开展有效的多边投资合作,注重利用国际投资服务机构旗下的多边投资担保机构和解决投资争端国际中心的服务与机制,对投资风险进行有效监控,及时对投资争端进行处理。

三 增强企业抵御风险能力

国际环境的变化、不同国家间地缘差异等为跨国公司投资带来了巨大风险,大致可分为投资环境风险、投资监管风险、融资风险等。中国企业在对外投资时,要了解熟悉各类风险,才能根据不同国家类型做出不同的投资决策、利用不同的投资方式。一方面,投资国的政局动荡、国际关系恶化等政治风险会对跨国公司投资产生重大影响,如中国与部分东盟国家之前因为南海问题短暂地影响了双方经济合作;自然灾害等不可抗力也会对企业造成巨大破坏,东南亚地区的台风、海啸等会一定程度影响企业生产。经济上,投资国的汇率剧烈波动、合作对象信用风险等也加大了海外经营的不确定性。此外,投资国政策、法律变动、贸易壁垒等也会使企业经营的外部环境发生变化。企业外部面临风险的同时,企业内部的监管也常常"失踪",投资决策的分析和控制程序往往缺失或未起到重要作用,缺乏具体清晰的企业总体规划也会对其境外投资产生重要影响。

因此,企业在面对风险时要树立和加强风险防范意识,鼓励和引导员工培养、加强风险控制理念,增强抵御风险能力;建立健全海外投资风险监控体系,完善相关风险防控制度,善于运用各种金融工具控制风险;加大对风险管理的投资力度,引进先进的风险控制技术和工具，建立科学的风险预警指标体系；完善风险评估体系，制定风险分析和决策程序，完善相关规章制度，严格风险评估和管理；企业内部建立贯通事前、事中、事后的监督程序，制定灵活的风险控制程序，确保在投资环境发生变化时可以对投资决策和方案进行调整，以控制一定的风险。在投资项目的审查、决策过程中，确保监管的全程参与。

第五章 "一带一路"倡议下跨国公司面临的国际税收政策与风险

2018年5月在哈萨克斯坦首都阿斯塔纳举行了"一带一路"税收合作会议。会议发布了《阿斯塔纳"一带一路"税收合作倡议》，与会国就税收法治、纳税服务、争端解决和能力建设等议题进行了深入讨论并达成广泛共识。该倡议以丝路精神为指引，着力构建税收合作长效机制。[①] 中国在"一带一路"倡议提出以来，2013年、2015年和2017年陆续签署了《多边税收征管互助公约》《金融账户涉税信息自动交换多边主管当局间协议》和《实施税收协定相关措施以防止税基侵蚀和利润转移的多边公约》。在跨国公司作为国际投融资活动主体的背景下，"一带一路"沿线国家关于跨国公司国际税收的政策与征管对跨国公司开展国际活动有着重要的影响。国际税收作为公司经营成本中必不可少的一部分，跨国公司必须制定相关策略以规避税收风险，中国也应进一步完善税收协调体系与反国际避税制度，从而在"一带一路"倡议下减轻跨国公司国际税收负担的同时，避免税负的流失。

第一节 "一带一路"倡议下的国际税收政策的现状

2017年中国对外直接投资额达1582.9亿美元，规模位居世界第

[①] 《"一带一路"税收合作会议发布联合倡议》，2018年5月17日，中国一带一路网，https://www.yidaiyilu.gov.cn/xwzx/hwxw/55571.htm。

三，仅次于美国和日本，其中对"一带一路"沿线国家的直接投资流量为201.7亿美元，占同期总量的12.7%。[①] 中国对外直接投资的影响力在全球范围内不断增大。企业是对外直接投资的主体，东道国企业所得税法及其与中国的双边税收政策都会对企业的对外投资行为产生重大影响。

一 "一带一路"沿线重点投资国家企业所得税法比较

（一）企业所得税税率的形式与水平

表5-1呈现了中国在"一带一路"沿线重点投资的15个国家的企业所得税税率情况。按税率形式可以分为累进税率制度和比例税率制度两类，其中推行前者的国家较少，仅有蒙古国、阿拉伯联合酋长国和印度三国。在实行比例税率制度的12个国家中，企业所得税标准税率高于中国（25%）的国家只有巴基斯坦一国，而印度尼西亚、缅甸、伊朗三国的税率比例与中国持平，新加坡、俄罗斯等其他八国则低于25%，位于中国之后；在实行累进税率制度的3个国家中，印度的企业所得税标准税率为33.99%，阿联酋为10%—50%多档，而蒙古国分为最低适用率和最高适用率两档，最低仅为10%，最高则和中国相同。综合而言，跨国公司在蒙古国实际所承受的税收负担比在中国要低。可以看出，相对较低的税率对中国跨国公司而言，意味着优越的税收环境。然而由于中国在税收抵免政策上是限额的，中国企业可能无法享受"一带一路"沿线国家低税率的税收政策。

中国相对较高的25%的企业所得税税率不利于吸引"一带一路"沿线国家的企业来华投资。由于企业所得税完全由资本承担，跨国公司的投资决策和经营成本往往受到企业所得税税率的影响。企业所得税税率越低，跨国公司的投资意向越高。因此，中国应尽可能地在保

[①] 数据引自《2017年度中国对外直接投资统计公报》。

"一带一路"与跨国公司金融管理

证财政税收稳定的基础上，减轻企业所得税负担，为外商来华投资创造良好的投资与税收环境。

表5-1　"一带一路"沿线重点投资国企业所得税税率比较①　（%）

序号	国家	企业所得税标准税率	企业所得税说明	分支机构利润汇回税率
1	新加坡	17		
2	俄罗斯	20		
3	印尼	25		对常设机构的税后利润征收20%的分支机构所得税，税率可根据税收协议适用优惠税率
4	哈萨克斯坦	20		15
5	老挝	24		
6	阿联酋	10—50多档	仅适用于石油和天然气开采和生产公司、外国银行的分支机构和特定政府特许协议的某些石化公司。大多数酋长国采用的超额累计制，富查伊拉实行50%的比例税率	
7	缅甸	25		
8	巴基斯坦	33		10
9	印度	33.99	在此基础上，超过一定收入水平还需缴纳5%、10%的附加税	
10	蒙古国	10.25	超额累进税率制，所得不超过30亿蒙古图格里克的部分，适用10%的税率，所得超过30亿蒙古图格里克的部分适用25%的税率	非居民企业需缴纳20%的预提税，但根据税收协定适用更低税率的除外

① 数据引自邓舒怡《"一带一路"战略下的国际税收协调研究》，《海南金融》2017年第12期。

续表

序号	国家	企业所得税标准税率	企业所得税说明	分支机构利润汇回税率
11	柬埔寨	20	该税为利得税	
12	泰国	20		对于向总部支付或被视同向总部支付的税后利润按10%税率征收分支机构所得汇出税
13	越南	20		
14	伊朗	25		
15	沙特阿拉伯	20		对向国外汇出的利润征收5%的预提税

在这重点投资的15国中,哈萨克斯坦等6个国家的企业所得税法推行分支机构利润汇回税。分支机构汇回税,是指跨国公司在境外投资所在地设立的分支机构向当地税务机构缴纳企业所得税后,将税后利润汇回总公司时所需要向投资所在国缴纳的税款。由于企业要承担分支机构汇回税,若在这6个国家开展投资活动,企业实际承受的税收负担要高于只承担企业所得税税率时的税负。

(二) 中国与重点投资国家税收制度的协调情况

建立双边税收合作机制,签订双边税收协议是当下区域经济合作的重要基础和方式。截至2018年,中国已经与"一带一路"沿线国家中的54国签订了双边税收协定。从签订时间上可发现,大多数税收协议都是在20世纪末21世纪初签订的。其中,个别税收协议缔结时间较早,随着时间的推移却一直未能重新修订。双边税收协议的签订在避免双重征税、规范国际税收竞争以及合作防范偷漏税等方面发挥了重要的作用。协议中拟定的优惠协定税率、抵免制度、饶让制度等对跨国公司而言,在避免重复纳税、减轻企业经营税负方面有着十分积极的影响。

1. 税收协定消极所得限制税率

(1) 股息税率

有关股息税率的制定,可分为单一限制税率和不同限制税率两类。以中国主要投资的15个国家为例，要求收入来源国根据10%的单一限制税率征收股息税的国家有11个，其他国家则根据投资比例的不同选择实行阶梯式的限制税率。而一些协定制定了相对较低的限制税率。例如，中国与老挝、蒙古国和沙特阿拉伯的双边协定规定该限制税率为5%。而中国与泰国、新加坡以及俄罗斯之间的双边税收协定则根据投资比例的不同设置了不同的限制税率。

（2）利息税率

利息税率可分为一档税率和多档税率。以本章"一带一路"沿线中国主要投资的15个国家为例，规定收入来源国对利息实行一档税率的国家有13个，其他国家则实行多档税率，例如中国与新加坡的协定规定，利息的税率分为7%和10%两档，前者适用于金融机构，后者适用于其他企业机构。在实行一档税率的国家中，大部分国家对利息征税的税率为10%。其中也有例外，在中老双边税收协定中，老挝单方面实行5%的税率。而在中俄最近的协定中，对例行征收的税率也从原来的10%下调至5%。

（3）特许权使用费限制税率

特许权使用费是对使用其他经济实体所拥有的专利、商标、版权或类似的专有权利时所缴纳的费用。目前中国与"一带一路"沿线国家大多将特许权使用费的限制税率设置为10%。2014年中国与俄罗斯签署了最新修订的双边税收协定，其中特许权使用费的限制税率由之前的10%下调至6%。

2. 税收制度协调情况

在"一带一路"倡议下，中国完成了从输入国到输出国的身份转换，逐渐成为重要的资本输出国。因此，签订双边税收协议有助于中国跨国公司在"一带一路"沿线国家中开展投资经营活动。其中税收饶让制度是双边税收协定中比较重要的条款。税收饶让，也称"饶让抵免"，是指居住国政府对本国居民在国外获得税收减免的部分，视同已经缴纳，并且不再按照居住国相关法律规定予以补征并同样给予抵免的政策。这一政策的实施能够鼓励居住国企业开展跨国投资，同时也能够吸引外国资本在本国开展投资活动。表 5-2 显示了中国与"一带一路"沿线主要重点投资国相关税收协定签订情况，其中实行双向税收饶让条款的协定有 5 个，实行单向（中国）税收饶让条款的协定有 2 个，其他双边税收协定则没有相关饶让条款。

表 5-2　　　中国与"一带一路"沿线重点投资国避免
双重征税协定签订情况

序号	国家	签署时间	生效时间	饶让条款
1	新加坡	2007.7.11	2007.9.18	单方饶让
2	俄罗斯	2014.10.13	2016.4.9	无
3	印尼	2001.9.12	2003.7.27	无
4	哈萨克斯坦	2001.11.7	2003.8.25	无
5	老挝	1999.1.25	1999.6.22	无
6	阿联酋	1993.7.1	1994.7.14	无
7	缅甸	未签订	未签订	
8	巴基斯坦	1989.11.15	1989.12.27	相互饶让
9	印度	1994.7.18	1994.11.19	无
10	蒙古国	1991.8.26	1992.6.23	相互饶让
11	柬埔寨	2016.10.13	2018.1.26	相互饶让
12	泰国	1986.10.27	1986.12.29	相互饶让
13	越南	1995.5.23	1996.10.18	相互饶让
14	伊朗	2002.5.20	2003.8.14	单方饶让
15	沙特阿拉伯	2006.1.23	2006.9.1	无

资料来源：根据中华人民共和国国家税务总局公布的双边税收协定整理编制。

二　"一带一路"倡议下国际税收协调的意义

国际税收协调是指相关国家通过关税协调、增值税协调等一系列有关税收的协调政策来处理国家间税收关系问题的合作方式。因此税收协调一直是各国政府在区域合作中进行经济政策协调的重要举措。

"一带一路"与跨国公司金融管理

以欧盟为例，欧盟成员国之间的税收协调多年来积极地推动欧盟国家经济与文化的一体化进程。受益于税收协调的不断发展完善，欧盟各成员国在经济社会与文化等领域都取得了巨大的进步。目前，"一带一路"倡议下，中国与沿线国家的合作还在不断推进。这一地理区域的国家在政治制度、宗教、文化和经济发展水平上存在不同程度的差异。虽然有效的区域税收协调任重而道远，但"一带一路"沿线地区税收协调的重要性和意义是显而易见的。

（一）提高"一带一路"沿线国家区域合作能力推动全球经济发展

作为世界上最长、最具有发展潜力的经济大走廊，"丝绸之路经济带"的核心地区一直是大国经济社会发展的重心区域，这一地区经贸往来的发展刺激了许多国家的经济发展。随着时间的推移，"一带一路"沿线地区在当前复杂多变的国际格局中也发挥着重要作用。在国际金融危机过后，如何尽快培养新的增长极是世界各国的共同诉求，以"丝绸之路经济带"为依托的东西向经济合作有着巨大的战略意义。但是，该区域各国的经济发展水平却与两端的经济圈有着巨大的落差，这种差距表现为国家基础设施供给严重不足以及与市场经济相关的规范和制度不够完善。区域经济合作是区域经济发展和共赢的必然选择。在此背景下，各国之间的税收政策不可避免地会发生摩擦，影响双边贸易的发展。因此，开展区域税收协调，提高区域内部的福利水平，将会使区域内市场一体化程度逐步加深，并进一步发挥该地区在推动经济全球化进程方面的重要作用。

（二）增进"丝绸之路经济带"各国之间的贸易往来和经济实力

"一带一路"沿线区域地域跨度大、资源丰富而且有很大的互补性，区域内各国在经贸、能源、交通、科技等领域都有着非常广阔的合作空间。以中亚五国为例，其外贸依赖度自独立以来一直呈现不断增长的发展趋势。根据世界银行（World Bank）的数据，除塔吉克斯坦外，中亚五国的出口占GDP的比例都大于世界平均水平。此外，

第五章 "一带一路"倡议下跨国公司面临的国际税收政策与风险

五国内部由于经济发展水平的参差不齐，出口能力差距大，发展极不平衡。区域税收协调可以消除区域内贸易壁垒，扩大区域内贸易和投资规模。全球各大区域集团、组织在开展经济合作的初始阶段，往往采用关税协调作为经贸合作方式之一。关税协调的开展可以在一定程度上有效地推动本地区贸易自由化的进程。因此，关税协调是当下最有效的国际税收协调，对区域经济合作的影响最为广泛。建立关税同盟是关税协调重要的合作方式之一。同盟的建立，不仅可以提高产品的生产效率，而且还会促进区域内跨国公司资本资源的合理优化配置，从而提升地区生产效率，降低产品生产成本，提高区域经济在全球范围内的竞争力。

（三）避免恶性税收竞争，加速各成员国国内税制改革

在区域经济一体化的进程中，各国之间的生产要素流动日趋频繁，各国税制差异所造成的障碍加剧了政府间的税收竞争。税收协调措施将有助于减少各国的税收差异，促进各国国内的税制改革，并使税收竞争实现合理的均衡状态。以处在经济一体化道路上的俄罗斯、白俄罗斯和哈萨克斯坦三国发起的关税同盟为例，为了提供统一经济空间发挥职能的法律保障，三国在2011年3月批准了建立统一经济空间协议的实施计划。2012年1月1日统一经济空间启动后，相继进行了一系列的区域税收协调。关税同盟的税收协调，防止了成员国之间的不正当税收竞争，保障了成员国经营主体平等的纳税责任，也促使成员国开展税制改革以履行相关的地区性协议。2015年1月1日，吉尔吉斯斯坦正式加入欧亚经济共同体。吉尔吉斯斯坦经济部长萨里耶夫就曾表示，吉方为此需要就若干法律法规进行审议，以期尽快实现与共同体法规的协调适应。可见，在区域经济一体化进程中，区域税收协调是成员国进行国内税收制度改革的加速器。

三 税收征管的协调情况

国际税收征管协调目前主要分为双边协调和多边协调两种方式。

2013年中国签署了《多边税收征管互助公约》，表现了中国积极参与国际税收多边协调，打击跨国公司纳税主体逃税漏税的决心。

1. 双边协调情况

获取纳税主体的跨国经营情况和涉税信息是打击跨国偷漏税的重要基础。因此，建立国家间税收信息交流机制是协调税收征管工作的关键。为了掌握中国居民在境外涉税信息，中国要加强与主要投资国家的信息税收合作与信息交换，与其他国家诚恳合作，积极推动双边税收协定的签署。

2. 签署《多边税收征管互助公约》的情况

《多边税收征管与互助公约》（简称《公约》）的目的是促进世界各国开展税收协调，打击跨国公司逃税、偷税和漏税。《公约》规定了三种税收征管和互助方式，即税收情报交换、税收追缴协助和文件送达。中国于2013年8月27日正式签署了该公约。截至目前，《公约》缔结国已经增至107个。但在"一带一路"沿线的64个国家中仅有27个国家签署，有超过半数以上的国家没能加入其中。

3. 国际税收自动信息交换标准的实施情况

随着经济全球化的推进，数字经济已经成为影响人们生活的重要因素。在这一时代背景下，自动信息交换系统的诞生，为提高国际税收透明度和行政合作效率发挥了重要的作用。

2014年7月，受20国集团（G20）委托，国际经合组织正式发布了包含《主管当局协议》（CAA）和《统一报告标准》（CRS）的《金融账户涉税信息自动交换标准》（简称《AEOI标准》）。《AEOI标准》对金融账户信息、金融机构以及相关账户和纳税人等相关义务与程序做出了规定。《AEOI标准》要求各国税务机关每年自动将本地区金融机构的信息与其他国家和地区进行交换，从而解决纳税人通过隐瞒海外资产和账户的应报告收入，规避其在居住国纳税义务的问题。

目前承诺遵守《AEOI标准》的国家和地区已经达到101个，其中包括24个"一带一路"沿线国家和6个中国主要投资的重点国家。当前，由于巨大的合规成本以及有限的收益，"一带一路"沿线国家尚未充分参与到自动税务信息交换的国际合作之中。有超过半数国家还没有承诺采用 CRS 标准，这不利于中国收集本国居民在海外投资的税收信息。

第二节 "一带一路"倡议下跨国公司面临的税收风险与困境分析

在"一带一路"倡议下，跨国公司在国际经济合作中扮演着极其重要的角色，通过设立新公司、收购或并购东道国企业以及承包相关工程等方式参与"一带一路"的建设。然而在这一过程之中，跨国公司可能会由于对东道国相关税收制度不够熟悉而面临各类税收风险，从而影响自身在投资经营中所应取得的收益。除此之外，国际税收筹划人才的缺乏也是很多跨国公司无法提升经济收益的重要因素之一。因而中国跨国公司在对"一带一路"沿线国家投资经营时，应着重加强自身的税收风险管理，培养税收筹划人才，进而规避税收风险，提升企业经营效益。

在"一带一路"倡议背景下，跨国公司可能会面临两类税收风险：（1）公司对东道国相关税制法规等税务环境的陌生；（2）公司内部管理的不成熟，即缺乏对涉税信息的熟悉与掌握，内部税务制度管理混乱等。在此背景下，跨国公司有很大概率会因违反东道国相关税法而遭到处罚，同时也会由于自身对东道国税制税法政策的不熟悉而增加大量不必要的税收成本与风险。

一 "一带一路"沿线国家税收风险分析

"一带一路"沿线国家主要采用如下几类税种：（1）增值税及其相关流转税；（2）企业所得税；（3）个人所得税；（4）其他。跨国

"一带一路"与跨国公司金融管理

公司在境外直接投资时应该熟悉和掌握东道国相关税种的政策、优惠措施以及风险,最大限度地缩小自身可能会面临的风险与成本,提升公司的经营利润。因而有关税种的风险管理是跨国公司进行税收风险管理的重要内容。

(一)增值税及相关流转税的税收风险

流转税是"一带一路"沿线各国中较为常见的税种,其典型代表就是增值税。由于"一带一路"沿线各国经济发展水平差异较大,跨国公司在不同国家所遇到的增值税问题也有所不同。总体而言,当前增值税的发展具有如下特点:(1)增值税税制日益简洁和规范;(2)增值税税制在现代信息技术下不断革新;(3)增值税标准税率不断上升;(4)增值税欺诈打击力度不断增强。

跨国公司境外投资项目在各国缴纳增值税所面临的实际情况是不同的。跨国公司需要对投资所在国与增值税相关的税率、征税范围、优惠力度等增值税税制变化进行全面分析,并在此基础上进行税收筹划,规避税收风险,为跨国公司寻找最有效的解决方案,这样有助于跨国公司境外投资项目的顺利开展。

(二)企业所得税的税收风险

跨国公司在进行企业税务管理时,东道国的企业所得税一直是十分重要的影响因素。对跨国公司而言,其在企业所得税上面临的税收风险主要分为三类:(1)双重征税风险;(2)票据合法性风险;(3)会计政策风险。上述三类风险会直接影响跨国公司的企业成本开支与摊销核定。因此,中国跨国公司在开展境外投资项目时,要注意了解东道国是否与中国签订了避免双重征税的双边税收协定,同时也要熟悉东道国企业所得税的相关政策,这对跨国公司分析税收风险、制定应对措施有着极其重要的作用。

(三)个人所得税的税收风险

跨国公司对"一带一路"沿线国家开展境外投资时,要十分注意对个人所得税相关法律的分析和研究。跨国公司不但要了解个人所得税在中国境内的法律法规，还需要了解东道国个人所得税法的规定和要求。一些国家会将个人所得税与本国社会保障一起计算征税，也有一些国家的个人所得税采用超额累进的制度，跨国公司的工资水平越高，公司和员工所承担的个人所得税也就越高。

对于中国跨国公司而言，研究东道国个人所得税的税收风险是至关重要的。虽然跨国公司本身并非个人所得税的实际纳税主体，公司只是为员工等义务人代扣代缴其个人所得税，但是，个人所得税的合理分配对于跨国公司员工有着重要的作用，会直接影响公司员工工作的积极性与效率。跨国公司只有充分了解东道国对外国公民的税收政策，合理利用优惠条件，才能实现减小跨国公司税收成本、提升员工工作效率的目标。

(四) 关税及其他税种的税收风险

除增值税、企业所得税和个人所得税外，关税也是跨国公司境外投资面对的主要税种之一。主要表现在跨国公司境外项目购置和运输大型机械设备与大宗材料的过程之中。

跨国公司境外投资项目在购置大型机械设备之前，有必要认真分析和研究相关国家的海关税则，关注相关减免政策，利用税则中的优惠税率来降低跨国公司的税收成本和关税风险。由于中国跨国公司的境外投资项目大多以贷款的方式进行，项目工程以基础设施项目为主，关系到东道国的基础民生，所以东道国大多会给予优惠的税收政策。因此，中国跨国公司在境外投资时，需要合理运用东道国相关税收优惠减免政策，降低企业税收风险，提升企业经营效益。

中国跨国公司在境外投资时可能还会遇到如公司特别税、地产物业税、采石场营运税等其他东道国特有的税收种类。因此，跨国公司要根据自身的情况，对可能涉及的税种税务风险进行深刻、翔实的分析与研究，才能规避相关风险，降低自身税务成本，提升管理经营的收益。

二 "一带一路"倡议下跨国公司国际税收面临的困境

（一）现行国际税收机制的矛盾与冲突

1. 有害税收竞争阻碍互利共赢

东道国常常采用免税、减税等税收政策来吸引外国企业直接投资（FDI）。跨国公司在进行境外投资时，也更倾向于前往税收政策优惠力度较大的国家和地区。不同国家间的税收竞争在一定程度上有助于全球资源的优化配置。然而，随着国际竞争的日益激烈，"一带一路"沿线国家在推出税收优惠政策时，部分国家也许会选择牺牲利益来获得 FDI，例如承诺不征税或者制定极低的税率。各国税收政策的恶性竞争会带来有害税收竞争。在"一带一路"倡议的背景下，有害税收竞争会对跨国公司境外投资的行为决策产生极其恶劣的影响，同时还会破坏东道国的税基、资源配置和市场平衡。

2. 全方位的国际税收治理机制缺位

各国间的税收协议是国际税收协调的基础，然而在全球化进程进一步深化的背景下，世界各国越来越难以在国际税收规则下达成共识。在数字经济的刺激下，全球面临着严重的税基侵蚀和利润转移等问题。二十国集团（G20）领导的 BEPS 行动，其关注对象仍然是发达国家，目的依然是维护发达国家在全球价值链中的垄断地位，这一行动忽略了发展中国家在参与世界发展治理中的利益诉求。此外，其他国际组织诸如世界贸易组织（WTO）的作用也在日益减小。目前国际税收治理机制仍呈现全方位的缺位现象。

3. 国际逃税避税现象日趋严重

随着世界经济的多元化推进，国际逃税和避税活动更加复杂和难以甄别。双重不征税问题逐渐突出，成为税收管理的国际性话题。由于在传统税制下，居民身份与经济实体的认定已经不能贴合信息高速发展的时代，征税边界存在大量灰色模糊地带，这些所得严重侵蚀和转移了东道国的税基，引起税收分配的失衡。因此，国际逃税避税活动对各国经济都有着不可小觑的影响。然而目前,世界各国税务机构尚未出台应对"双重不征税"以及"多重不征税"的措施。

(二) 中国跨国公司"走出去"面临的税收困境

近年来,中国逐渐成为重要的资本输出国。随着"一带一路"倡议的推进,中国不可避免地参与到全球利益格局重新划分的进程中。因此,对中国而言,国际税收管理的推进有了更新更高的需求。然而,目前中国在推进跨国公司"走出去"的过程中仍面临许多问题。

1. 税收协定现状难以满足"一带一路"倡议的建设要求

从签订的税收协定来看,截至 2018 年,中国已与 107 个国家和地区签订相关税收协定。这些协定对中国跨国公司"走出去"的境外投资行为起着重要的保障作用。"一带一路"沿线国家中,缅甸、伊拉克等许多国家还未和中国签订双边税收协定。这在一定程度上提高了中国跨国公司境外投资的税收风险。此外,也有部分"一带一路"沿线国家与中国签订双边税收协定时间较早,协定内容亟待修订和完善,这样才能满足中国和"一带一路"沿线各国的经济发展与税收协调的需要。

2. 国际税收领域的话语权有限

目前,中国有关国际税收基础理论的研究以及征管方面的影响力还相对较弱,这与其不断提高的经济地位有着极大的差距。虽然中国能够作为经合组织的合作伙伴参与 BEPS 行动,但这一行动在税收规则的制定过程中力量有限,因而无法有效地满足国内跨国公司日益增长的国际税收需求。

3. 境外税收抵免制度落后

目前中国的境外税收抵免制度还无法满足中国跨国公司"走出去"的需求。原因如下:(1)境外税收抵免制度体系较弱,规范文件较少,法律层级较低。(2)境外税收抵免方法较为落后。目前的抵免方法既无法填补前几年的亏损,也无法用境外亏损抵消中国境内的盈利。(3)境外税收抵免制度层级较少。目前在中国,除石油企业外,其他跨国公司的抵免层级仅有三层,并且企业股权要在20%以上。中国境外税收抵免制度的缺陷将不可避免地增加中国跨国公司的境外税收成本,最终降低整个跨国公司的国际竞争力。

4. 间接税涉及的国际税收协调重视不足

一直以来,世界各国对税收征管协调工作以直接税为主,对间接税较为忽视。近年来,为了消除间接税的负面影响(如对跨境贸易的扭曲作用),世界各国开始关注和重视间接税问题。目前中国税务机构更加重视对直接税的协调工作,缺乏对间接税的分析和研究,比如数字经济背景下诞生的"跨境电子商务增值税"等。随着"一带一路"倡议的推进,中国跨国公司在"走出去"开展境外投资活动时将面临各种各样的间接税协调问题,但这些问题目前还未能得到足够的重视。

第三节 跨国公司国际税收筹划风险规避与策略研究

跨国公司国际税收筹划,是跨国公司进行合理国际避税的形式之一,是为了在遵循国际税法、符合政府政策导向的基础上达到避税目的,实现利润最大化而制订的纳税计划。尽管长期以来,国际税收筹划一直是跨国公司在世界范围内的一项非常重要的活动,但对于中国的跨国公司而言,国际税收筹划仍然是一项非常陌生的活动。国际税收筹划是在经济全球化背景下产生的,跨国公司中的税收筹划专业人员不仅要精通商业管理,还要具有较强的国际税法知识,并在此基础上运用国际税收筹划知识为跨国公司降低税收风险,减轻税务负担。

一 跨国公司税收筹划风险的规避措施

跨国公司若想在国际税收筹划中取得成功,就需要充分了解与国际税收筹划相关的所有内容。值得注意的是，税收筹划具有不确定性。因此，跨国公司应制定综合防范和控制风险的对策措施，确保税收筹划的顺利实施。此外，跨国公司还应建立全面的风险处理系统，从而大大降低风险。

(一) 深入了解各国政策及其变动

随着互联网技术的快速发展，社会信息化程度也在进一步加深。在这一背景下，世界各国的法律法规也随着时代的发展而不断发展和变化。在开展境外投资活动时，跨国公司应该对各国税制与投资环境有着十分清晰和明确的理解，有必要熟悉和了解各种与自身投资经营相关的税收政策，借鉴成功案例，采用科学的手段预测各国税收政策的变化，最后选择有利于企业利益最大化并符合国家税法的税收筹划策略，从而降低国际税收筹划的风险。

(二) 树立税收筹划的全局意识与长远观念

跨国公司在开展国际税收筹划的过程中，要注重公司整体的利润最大化。税收筹划应该作为跨国公司的综合发展战略来思考。一般来说，企业在税收层面的合理节税，直接表现为企业利润的提升，但这并不意味着节税越多越好，因为不择手段的避税漏税会带来严重的风险和问题。因此，跨国公司在开展国际税收筹划时，还应全面综合衡量各类因素，避免因粗心大意而导致的失败。如若不然，就会增加跨国公司的税负成本，并在企业长期经营过程中产生一定的负面影响。

(三) 提高国际税收筹划的专业水平

国际税收筹划的专业性和综合性都极强，需要跨国公司相关从业人员具有相对较高的专业素养，并且还需要在一定程度上了解和掌握与税法相关的其他学科知识。当前中国的税收筹划人才缺口巨大，专门从事国际税收筹划的专业人才则更加稀缺。在这一背景下，中国跨国公司必须注重对国际税收筹划人才的引进和培养，通过提高自身国际税收筹划的能力，降低税收风险，促进跨国公司利润最大化。

(四) 加强跨国税收筹划的风险管理

跨国公司出现税收筹划失败的原因有很多，例如方案设计有失妥当、对税收政策理解不到位、生产经营变化波动等都会损害跨国公司的企业利益和形象。所以，为了避免出现税收筹划失误，跨国公司有必要利用先进的信息科学技术，综合分析公司财务、税收和各类信息，建立能够涵盖事前预警、事中监测、事后应对的综合全面的税收筹划管控系统。当企业在税收筹划过程中出现危险信号或者筹划失误时，税收筹划管控系统能够做出提前预警，并采取积极措施对筹划失误进行全方位的补救。

（五）加强与税务机构的沟通

与东道国税务机构保持良好的沟通与交流是跨国公司开展国际税收筹划的基本要求。尤其是在境外投资活动初期，与当地税务机构的沟通交流能够在极大程度上避免由于信息不对称或未与税务机构达成一致性意见而导致的税收筹划失误。因此，与税务机构建立长期紧密的合作关系是跨国公司在进行国际税收筹划时规避和降低风险的重要方式之一。

二 跨国公司税收筹划的基本策略

（一）利用税收优惠政策的税收筹划

"一带一路"沿线国家针对外国投资者会出台不同的税收优惠政策和激励政策。因此，跨国公司在进行与投资决策相关的税收筹划时，要积极充分了解各类税收优惠政策，如税率优惠、税收减免、再投资退税等。只有在税收筹划期间综合考虑和利用符合公司战略规划和跨国运作的税收政策，才能降低跨国公司的税收风险，减轻税收成本，最终提升公司投资与经营效益。

东道国的税收优惠政策一般可以分为直接优惠和间接优惠两类。直接优惠政策主要包括税率优惠、减免税、出口退税等措施；间接优惠则以加速折旧、投资税收抵免等措施为代表。当前，"一带一路"沿线国家推行的税收优惠政策大多是采用两类措施相结合。因此，跨国公司在进行投资决策的税收筹划时，可以有效利用这两类优惠政

第五章 "一带一路"倡议下跨国公司面临的国际税收政策与风险

策,相互补充,有效降低和管控公司的税收风险。

(二)利用国际避税地的税收筹划

国际避税地,通常指一国或地区政府为促进外国资本流入,繁荣地区经济,改善国际收支,对投资和从事经营活动的跨国公司实行不征或少征税的优惠政策的区域和范围。在不违反相关法律法规的前提下,跨国公司在进行国际税收筹划时,除了充分利用东道国的税收优惠政策外,还可在一些国际避税天堂建立分支机构,通过不同国家间的税收差异来达到合理避税、降低税收成本的目的。现如今为实现国际税收筹划而建立的公司一般有如下四类:(1)国际控股公司;(2)国际贸易公司;(3)国际金融公司;(4)国际投资公司。

(三)利用企业组织形式的税收筹划

组织形式不同的跨国公司,将会面临不同的税收问题,不同的组织形式会影响跨国公司进行国际税收筹划的效果。所以,跨国公司在境外开展投资活动时,应根据自身的组织形式合理进行国际税收筹划。按照相关法律标准,跨国公司的组织形式可以分为个人独资企业、合伙企业以及公司制企业三类。按照法律地位的不同,跨国公司的组织形式还可以分为总分公司和子母公司两类。因此,跨国公司应根据东道国的相关税收政策、可能面临的税收负担,合理选择组织形式。

第六章 "一带一路"倡议下跨国公司财务风险管理

跨国公司凭借其先进技术、雄厚资金和丰富经验等优势进行跨地区跨国经营，推动了全球经济一体化的发展。同时，随着公司的不断发展，其面临的风险也越来越复杂。在"一带一路"倡议背景下，跨国公司所面对的市场宏观环境充满了不确定性，其财务管理因为沿线国家不同环境和不同政策的影响而面临更多风险。弄清楚在"一带一路"国家跨国经营财务风险的来源，制定财务管理策略，加强财务风险管理，防患于未然，对"一带一路"倡议下跨国公司的持续健康发展具有十分重要的意义。

第一节 "一带一路"倡议下跨国公司财务管理

跨国公司财务管理是指跨国公司为满足经营业务所需，通过预测、计划、决策、控制、分析等手段，进行财务规划，管理公司的投资、融资和内部资金运营的过程。一般来说，跨国公司财务管理分为三个层次：区域性财务部门、产品线财务部门、总财务管理部门。区域性财务部门主要对自身所管理的区域进行财务管理，并制定有效的财务政策；产品线财务部门对财务管理政策进行制定；总财务管理部门需合理控制跨国公司财务活动。[1] 对于在"一带一路"国家经营的

---

[1] 应樱：《跨国公司财务管理水平分析——以海尔集团为例》，《财会通讯》2014年第17期。

第六章 "一带一路"倡议下跨国公司财务风险管理

跨国公司来说,由于沿线国家形势各异,国际环境复杂,财务管理是需要特别重视的问题。

一 跨国公司财务管理的内容

一般来说,跨国公司财务活动主要包括资金的筹集、运用、收回和分配等过程。"一带一路"跨国公司财务管理具体内容如下:

(1) 融资活动。跨国公司在"一带一路"沿线国家进行投资和开展业务需要大量资金作为支撑,通过各种融资渠道筹集资金,满足各个子公司的资金需求,是公司得以进一发展的前提。"一带一路"跨国公司筹集的资金主要来源于公司内部、金融机构、货币市场和资本市场等,不同融资方式的代价不同,公司需要充分考虑东道国的具体情况,衡量利弊,采取合适的融资方式减少风险。

(2) 投资活动。投资是跨国公司的重要战略决策,是财务活动的关键环节,关系着公司的生死存亡。"一带一路"建设中跨国公司需要把握全局,充分考虑沿线国家经济和市场的情况,了解投资环境,结合公司整体战略谨慎选择投资项目,实现资金的有效利用,规避投资过程中可能遇到的风险。

(3) 资金运营活动。跨国公司母公司和子公司之间存在大量的资金流动,公司内部现金流量和资金转移情况比较复杂。参与"一带一路"建设的跨国公司需要清楚信贷资金的来源和去向,掌握公司整体现金流的趋势、规模和数量,制定合理的资金运营方案,判断和管理可能发生的风险问题。

(4) 利益分配活动。跨国公司的利润与股利分配政策与公司融资和投资活动相关,会对公司后面的生产经营活动产生影响。因此,跨国公司在制定收益分配方案时要考虑公司融资成本的高低和投资项目风险的大小,在实现股东利益最大化的同时实现资金的最佳利用,降低公司财务风险,为公司后续发展提供资金保障。

二 "一带一路"跨国公司财务管理的特点

跨国公司在"一带一路"沿线国家投资生产经营,势必受到当地环境影响,财务管理活动也有相应的特点。

(1) 复杂性

跨国公司在"一带一路"国家投资经营会面临环境的巨大变化,不同国家经济制度、政治环境、法律制度和文化背景的差异性,往往会使跨国公司的财务管理变得更加复杂。首先,"一带一路"沿线国家有各自的经济体制和模式,在金融制度、税收政策、汇率管理等方面存在巨大差异,这会直接影响跨国公司的财务管理活动。其次,"一带一路"各国政府组织和政治体制不同,东道国的政治环境与跨国公司的发展始终是息息相关的,"一带一路"复杂多变的政治局面会给跨国公司的生产经营活动带来不确定性,公司财务管理难度增加。再次,"一带一路"国家拥有各自的法律体系,对跨国公司经营活动中产生的交易契约等的解释和规定不同,容易产生纠纷,影响公司的经营成果和财务状况。最后,"一带一路"各国文化差异给跨国公司的经营管理带来了困难,进而影响财务的管理。

(2) 全局性

跨国公司的财务管理具有全局性和整体性的特点。跨国公司投入大量资金前往"一带一路"国家设立分支机构投资经营,最终目的是实现整个公司的利益最大化,追求公司的扩大和长远发展。因此,在"一带一路"国家经营的跨国公司要有大局观念和全球战略,其财务管理人员必须具备足够的能力,在进行财务管理时不能局限于某个国家或地区,而要有全局意识,考虑到整个公司的利益,从整体出发,制订合理的财务管理计划。

三 "一带一路"项目推进与跨国公司财务风险的产生

跨国公司财务风险指的是公司在财务活动中,由于各种内外部因素难以预料或无法控制，导致公司的实际收益与预期收益产生偏差，造成损失的可能性。广义上的公司财务风险包括融资风险、投资风险、资金回收风险和收益分配风险，狭义上的公司财务风险是指因负债经营到期偿还债务而引起的融资风险或投资风险。

（一）"一带一路"跨国公司财务风险的特点

在"一带一路"倡议背景下，跨国公司面临复杂的政治经济文化环境，财务风险伴随公司生产经营的各个环节，是各种风险在财务上的集中体现。随着"一带一路"项目的推进，沿线经营的跨国公司财务风险呈现出以下几个特点：

（1）客观性

"一带一路"沿线国家社会政治经济和市场环境等复杂多变，跨国公司的生产经营活动多样繁杂，加上公司相关管理人才缺乏，参与者对形势认识不够或管理能力有限，导致财务风险的产生几乎不可避免，具有客观性和必然性。

（2）不确定性

跨国公司财务风险随着经营环境的改变而变化，"一带一路"沿线国家地区政治经济等环境的变化充满着不确定性，决定了财务风险的不确定性。此外，风险发生的时间、范围和大小无法预知，可能会给跨国公司带来收益，也可能会造成损失。

（3）全面性

跨国公司的财务风险贯穿于整个财务管理过程，并且与其他各种经营风险互相影响，在各环节都可能会影响公司经营目标的实现。如果错误评估了财务风险，导致公司财务关系发生不可预料的变化，会对公司生产经营的各个方面产生影响。

（4）损失性

跨国公司财务风险与损失相关，不管这种损失能否被量化，是明确显示出来还是隐藏在某个环节，都会影响公司的投资经营活动，影响总体经济效益的稳定性，不利于公司的健康发展。

(二) 跨国公司财务风险的类型

跨国公司的财务活动受到当地政治背景、经济环境、法律环境和金融市场等诸多因素影响，因此公司的财务状况也会因东道国环境的变化而受到影响。具体来说，跨国公司可能会面临外汇风险、利率风险、政治风险和法律风险等无法抗拒和回避的风险情况，跨国公司必须识别风险类别，采取对策管理和控制可能引发的财务风险。根据资金的运动情况，"一带一路"建设中跨国公司财务风险可以分为以下四种：

（1）融资风险

融资是公司进一步扩大规模的重要保障。跨国公司的融资风险指的是公司在开展融资活动过程中因融资渠道、融资方式和融资结构不合理而导致的风险问题，主要包括公司自有资金的管理风险和资产负债风险。跨国公司在"一带一路"沿线国家投资经营的最大问题是受到不同国家不同环境的影响，货币汇率、政治环境和国家政策等问题都会给公司的融资活动带来风险。

（2）投资风险

跨国公司投资风险是指公司在经营投资项目过程中可能面临的风险，主要体现在投资的预期收益和实际收益之间的偏差上。[①] 投资是跨国公司在"一带一路"沿线国家获取利润的重要举措，未预期到的投资风险会影响企业的收益水平，造成财务风险。投资风险主要包括汇率和利率等方面的风险。

（3）资金运营风险

公司在生产经营过程中，从原材料到产品，到应收账款，再到货币资金，整个过程都伴随着资金的流动，中间某个环节出现问题，都会影响公司的资金链，造成严重的财务问题。跨国公司在"一带一路"沿线国家生产经营，其成本资金、结算资金和货币资金之间的转

---

① 蔡亚男：《我国企业跨国经营财务风险管理研究》，《北方经贸》2014年第12期。

第六章 "一带一路"倡议下跨国公司财务风险管理

换都是公司的资金在运作,由于其生产经营分布在不同国家,资金运行链条会更长,更容易出现资金流动风险。

(4) 收益分配风险

跨国公司收益分配风险是指由于公司分配收益不当,给后续生产经营活动造成不良影响的可能性。主要体现在两个方面,一是公司会计计算不当造成虚增利润,迫使公司提前纳税;二是公司分配时间和数额不合理,影响公司后面的生产活动,引发财务风险。

第二节 "一带一路"倡议下跨国公司融资风险

跨国公司在"一带一路"国家的投资经营活动需要大量资金作为支撑,融资是公司经营业务得以继续开展的先决行动,决定了公司后续工作能否顺利进行。跨国公司在不同国家有不同的融资渠道和方式,可使用来自公司内部的资金,来自东道国的资金,以及国际融资资金。"一带一路"跨国公司最常用的是国际融资方式,国际融资指的是向第三国或者国际金融机构借款,主要包括国际股权融资、国际债权融资、国际信贷融资、国际租赁融资等。跨国公司需要谨慎选择融资渠道、方式和融资结构,不适当的融资借贷可能会使公司债务缠身无法偿还。

一 "一带一路"倡议下跨国公司融资特点

跨国公司在"一带一路"沿线国家进行生产经营时,因所处环境的特殊性,其融资活动也呈现不同的特点,比较明显的有以下几个方面:

(一) 融资活动复杂

"一带一路"倡议下跨国公司国际融资渠道相对广泛,但涉及不同国家的经济法律制度,牵涉众多经济主体的利益,融资活动比较复杂,难度更大,比国内企业面临更大的风险。政治风险难以防范,不

"一带一路"与跨国公司金融管理

易解决,由融资使用货币和国际金融市场变动引起的汇率风险和利率风险难以控制,跨国公司需要谨慎选择融资渠道和方式,合理安排融资结构,减少各方面风险可能给公司带来的损失。

(二) 管制强

跨国公司在"一带一路"沿线国家的融资活动会受到各方面的管制。东道国政府为了实行本国货币政策,平衡国际收支,维护本国经济利益,会对跨国公司国际融资活动实行法律和行政方面的管制。比如制定国际融资业务的授权或审批制度、融资金额管制、贷款利率管制、融资期限管制等。跨国公司在"一带一路"沿线不同国家进行融资活动受到的管制程度不同,同一国家对不同公司的管制程度也有差别。

(三) 融资风险大

跨国公司在"一带一路"沿线国家经营时的融资活动除了会面临债务到期无法偿还的商业风险,还会面临国家政治风险和汇率、利率等风险。融资环境的复杂性决定了融资活动风险的客观存在性,识别和防范融资风险是跨国公司在"一带一路"国家融资需要重视的问题。

二 "一带一路"沿线跨国公司融资风险来源

(一) 外部风险

"一带一路"沿线65个国家的政治环境、经济政策和法律制度具有很大差异性,跨国公司面临的经营环境要比国内复杂得多,融资活动可能遇到政治风险、汇率风险和利率风险等问题。首先,"一带一路"国家政局不稳定可能会导致跨国公司融通资金无法按时到位,东道国的外汇管制也会给子公司和母公司之间的资金往来带来阻碍。其次,"一带一路"沿线国家货币频繁波动,使得公司在资金融通过程中兑换或折算货币时价值发生变动。此外,"一带一路"沿线部分国家的利率变动大,会直接或间接地影响跨国公司融通资金的价值,造成跨国公司收益的不确定性。

（二）内部风险

跨国公司的融资活动也会受到自身内在因素的影响。影响"一带一路"沿线国家跨国公司的内在因素是多种多样的，但是主要问题是融资结构不合理和信息不对称。

在融资结构方面，中国在"一带一路"投资经营的跨国公司存在着内外部融资比例不合理、直接和间接融资比例不合理、股权融资和债券融资比例不合理等问题，而不合理的融资方式和融资结构会导致公司财务风险。除此之外，中国的跨国金融机构没有与"一带一路"沿线国家的跨国公司有效结合起来，公司对东道国和国际金融机构的依赖性比较强，面临着较大融资风险。

信息不对称也是跨国公司融资风险形成的重要内因。跨国公司规模大、业务多，对资金需求量大，但在融资过程中和银行等金融机构以及其他债权人之间信息不对称，在沟通协调过程中就很容易出现风险问题。中国跨国公司在"一带一路"沿线国家中投资较多的是东南亚区域，但是除了新加坡和马来西亚，东南亚其他国家的金融市场操作透明度不高。在政局不平稳的中东地区，信息管理更不完善，缺乏系统的信用体系，跨国公司融资活动会面临更多不确定性。

三 "一带一路"倡议下跨国公司融资风险管理

（一）增强融资风险意识

"一带一路"沿线国家政治和经济条件都有其特殊性，跨国公司在融资过程中会遇到各种各样的风险，有些风险甚至会对公司造成致命的打击。我国公司缺乏足够的国际经营经验，对国际风险意识不够，对风险的预测和估算能力也不足，风险防范和控制拘于形式，未能根据实际情况采取切实可行的风险管理方案。面对"一带一路"融资环境的复杂性，跨国公司管理者应加强风险防范意识，认识到风险防范的重要性，把融资风险管理提升到公司战略位置；学习借鉴国

"一带一路"与跨国公司金融管理

外发达国家跨国公司国际经营的经验教训，采用专业的风险管理金融工具，对公司融资活动进行细化、规范、有效的管理。

（二）建立融资风险预警机制

融资风险识别和预控是风险防范的第一步，"一带一路"背景下跨国公司要建立一个对融资风险进行检测、识别、评估、预警和预控的风险预警机制，跟踪和记录公司的融资过程，识别融资风险类别，预估风险大小，提前预防和规避融资风险的发生。具体有以下几方面的内容：

（1）建立融资风险评估方法体系。跨国公司要对融资过程中可能会产生的融资风险进行分类和评估。针对"一带一路"沿线国家融资的外部环境，选择合适的风险评估和分析方法，增加判断融资面临的风险类别和大小的准确性，在此基础上选择相应的风险管理工具。

（2）完善融资风险预警指标体系。跨国公司需要根据风险指标作出反应，风险预警指标的有效性会影响公司对金融风险的识别、判断和预防、控制。完善的融资风险预警指标对整个融资风险管理过程至关重要，公司需要构建一个能全面反映公司长短期偿债能力、盈利能力和融资能力的指标，并设置预警信号，提高风险的识别和预防能力。

（3）建立有效的融资风险反馈机制。风险反馈是跨国公司融资风险管理的重要内容，公司可以把收集到的风险信号传递给风险预警中心，预警中心及时反馈给风险处理部门，处理部门保持和其他部门的沟通，形成一个系统高效的风险管理过程，由此可以提高融资风险管理的有效性。

（三）完善有效的融资风险控制方法体系

融资风险的控制和处理是跨国公司风险管理的重要内容。跨国公司在"一带一路"沿线国家进行融资，需要提高应对融资风险的能力，在识别和正确评估风险的前提下采取有效的方法控制、减少风险带来的影响和损失。公司应针对政治风险、外汇风险和利率风险的不同特点，结合"一带一路"沿线国家具体环境，采取合适的应对方法和举措，形成完善有效的风险控制方法体系。

（四）提高融资风险管理人员素质

跨国公司在"一带一路"区域投资经营，人才是必需的，熟悉当地政治经济和文化背景的人才更是不可缺少。人才队伍情况决定了公司应对金融风险能力的高低，但是"一带一路"沿线大部分国家教育发展水平并不高，在当地寻找符合需要的高素质高能力风险管理人才是跨国公司面临的难点。公司为长远发展考虑，应加大在提高风险管理人员素质方面的投资，培养具备专业知识、经验丰富、综合素质高的复合型人才。

第三节 "一带一路"倡议下跨国公司投资风险

投资是公司发展的重要战略，投资风险是跨国公司在"一带一路"建设过程中最大的财务风险之一。公司如果没有结合"一带一路"沿线东道国的市场需求来选择投资行业和项目，可能会面临投资方向失误带来的损失。公司投资方向正确，但如果不能根据本地行业特点选择适宜的投资方式，也可能会错失良机甚至造成利润亏损。总之，跨国公司在"一带一路"沿线区域的投资收益充满了不确定性，投资风险是公司生产经营过程中必然会面对的问题。

一 "一带一路"倡议下跨国公司投资特点

（一）与"一带一路"沿线国家合作进展快

"一带一路"倡议的提出给中国企业带来了新的发展机遇。中国跨国公司前往"一带一路"沿线国家直接投资的数额大幅增加，承包工程项目越来越多，并建立了粗具规模的经济合作区。"一带一路"倡议已经成为中国公司扩张投资的新动力，为中国跨国公司对外投资提供了新的发展空间。

（二）投资集中于国际产能与基础设施项目

中国跨国公司前往"一带一路"沿线国家的投资项目主要集中于

"一带一路"与跨国公司金融管理

国际产能合作和基础设施建设方面。中国企业在"一带一路"沿线推进的合作区当中有一半以上是与国际产能合作相关的加工制造业。基础设施建设项目也是中国企业对外投资的重点，中老铁路、亚吉铁路等基础设施项目建设正在不断实施和推进。"一带一路"沿线的东亚、南亚和非洲地区目前对国际产能合作和基础设施需求大，而中国在这两方面具备优势，这意味着中国跨国公司在"一带一路"区域的对外投资还有更多机会。

（三）投资区域主要分布在东南亚地区

中国企业在"一带一路"沿线国家的投资区位分布比较广泛，但主要是在新加坡、马来西亚、印尼和泰国等东南亚国家。中亚地区政治格局不稳定，基础设施条件落后，经济法律制度不健全，中国企业在此区域投资面临很高风险，因此目前主要投资于能源产业，对其他行业的投资规模比较小。中国企业在欧盟的投资一直比较稳定，相比而言，在东南亚区域的投资发展空间更大。

二 "一带一路"倡议下跨国公司投资风险及管理

（一）投资的政治风险

"一带一路"沿线大部分国家政治格局并不平稳，国家之间的关系错综复杂，特别是中东地区战乱和种族冲突问题显著。东道国的政权更替、社会动荡和政策变化等政治问题会极大影响跨国公司的投资活动。中国跨国公司在"一带一路"沿线不同区域进行投资所面临的政治风险不同。在东南亚区域，公司的经营活动会受到当地政府和民众对华态度变化的影响，比较明显的是马来西亚、印度尼西亚、菲律宾和越南这些国家，经常出现政治摩擦，政治互信的不足等问题不利于中国跨国公司在当地的发展。在非洲区域，最突出的问题是部族冲突、国内政局不稳、宗教矛盾以及复杂的周边关系，如果爆发冲突可能造成公司投资项目中断，给跨国公司带来致命的打击。

跨国公司在"一带一路"沿线国家投资政治风险的管理可以从几

第六章 "一带一路"倡议下跨国公司财务风险管理

方面进行。首先，投资前进行政治风险预估，跨国公司投资面临的政治风险主要源于"一带一路"东道国国内的政治经济政策以及法律形式的变化，因此在开展投资活动之前应充分了解东道国的国内形势，把握"一带一路"沿线的市场环境，预估投资项目可能面临的政治风险的种类和大小，选择合适的投资项目，并预先做好风险规避工作，比如购买海外投资保险等。其次，投资过程中应加强风险管理，建立投资风险监控系统，通过一系列指标监测公司投资活动的财务状况。最后，一旦投资风险发生，应及时通过法律途径或谈判等方式尽量减少风险带来的财务损失。跨国公司投资前与"一带一路"沿线东道国相关机构签署的双边投资保护协定或国际投资保护公约都是应对投资政治风险的有效途径。此外，也可以求助于国际投资管理机构解决投资中遇到的争端。

（二）投资的汇率风险

"一带一路"沿线国家货币汇率的频繁波动，给跨国公司投资活动收益带来了更多不确定性。对于在中东地区投资的跨国公司来说，东道国政治经济条件变化引起货币贬值的情况是经常发生的，在此地区投资的跨国公司就面临着会计折算风险。此外，如果外国政府冻结本国货币，无法与其他货币进行兑换，那已经进行投资的公司就难以收回投资，面临交易风险和经济风险。

"一带一路"沿线国家的外汇风险主要是非自由兑换货币外汇风险，本质上也是一种特殊的外汇风险。现实中，"一带一路"沿线大部分国家由于自身的市场经济体制不够完善，会对本国货币的汇兑采取各种各样的官方管制，从而造成国家货币在国际上汇兑流动性很差，这些货币也被称为"非自由货币"。在"非自由货币"国家经营的跨国公司，难以将收到的当地货币兑换成国际货币或本国货币，又缺乏对汇率风险对冲的工具，而非官方的汇兑渠道存在一定法律风险，因此，可能造成巨大汇兑损失。另外，随着布雷顿森林体系的瓦解，世界各国的汇率不再像之前那么稳定，而是开始频繁地变动。近

"一带一路"与跨国公司金融管理

年来,"一带一路"沿线大部分国家货币的汇率呈现较大幅度波动的态势,国家风险等级升高。因此,跨国公司在"一带一路"相关国家进行投资活动时必须要了解东道国的货币风险情况,进而制定合适有效的外汇风险管理策略。

面对投资过程中可能遇到的外汇风险,跨国公司可以从几个方面进行风险控制。首先,公司可以建立专门的外汇信息系统,掌握最新的外汇汇率情况,预测汇率可能发生的变化,结合公司投资项目的具体情况做好准备工作。其次,公司可以采取机动的投资方式,在产品生产过程中,加大研发力度,增加产品差异度,严格把控产品质量,加强产品的市场竞争力,减少汇率变动带来的风险。最后,在营销过程中,公司应灵活调整产品的定价,采用多元化的促销方式,加快资金回收和流动性。

(三) 投资的利率风险

中国跨国公司在"一带一路"的投资活动主要分为三种:一是投资证券市场,二是投资生产项目,三是投资商贸活动。"一带一路"国家政治经济环境的复杂性导致利率频繁波动,跨国公司在当地投资股票、债券等时的收益容易受到市场利率变动的影响。当市场利率提高时,公司融资成本增大,也会减少投资的最终收益。

中国国内利率一直比较稳定,企业对利率风险意识性不强。但在"一带一路"沿线国家和地区开展投资活动面临复杂多变的金融环境,需要高度重视利率风险管理工作。金融衍生品是跨国公司管理利率风险的有效工具。远期利率协议规定了合同双方在未来某一时刻的短期贷款或存款利率,跨国公司借出资金时,远期利率协议可以使公司在利率下降时受到保护,借入资金时则可以在利率上升时受到保护。利率互换是跨国公司规避利率风险的另一手段,当公司预期利率会下降时,可以通过利率互换协议将浮动利率债务转换成固定利率债务,当预期利率会上升时,可以将固定利率债务转换成浮动利率债务。但是利率互换协议能否有效规避风险也取决于跨国公司是否能够对利率的发展形势做出正确的判断，而且由于"一带一路"沿线很多发展中国家相关法律法规不完善，利率互换也存在着信用风险、市场风险和操作风险，需要跨国公司注意防范。除此之外，利率期权期货也是跨国公司规避利率风险的重要金融衍生工具。

（四）投资的经营风险

中国跨国公司在"一带一路"沿线国家投资项目一般都比较大，需要数年或几十年的时间投入和收回成本。大额资金的投入和较长的时间跨度让跨国公司投资项目的未来收益充满了不确定性。由于公司在"一带一路"沿线投资面临诸多挑战，如果在这过程中管理者对市场环境认识不足，选择了错误的投资项目或者投资方向，投资经营活动管理不善，就极易引发财务风险。

跨国公司在"一带一路"沿线国家投资前要做好可行性分析，全面分析和评估投资经营环境，选择最合理的投资方向和投资方式。公司管理人员要严格把控产品质量、价格和营销渠道，减少经营不善带来的损失。此外，政府和企业要积极推动国内金融风险管理学科的发展，大力培养金融风险管理人才，为跨国公司在"一带一路"沿线国家投资经营中降低利率风险提供人才保障。同时，学习和借鉴发达国家跨国公司规避投资风险的经验教训，积极推进公司投资过程中财务管理标准的规范化。

第四节 "一带一路"倡议下跨国公司资金营运风险

跨国公司在"一带一路"沿线国家进行一系列经营活动都会涉及资金的投入和回收，其资金在营运过程中有可能会因为各种因素遭受损失。跨国公司对资金管理，对象主要涉及现金、应收账款和存货，这个过程中最可能遇到的风险就是现金风险、应收账款风险和存货风险。

"一带一路"与跨国公司金融管理

一 现金风险成因及管理

现金作为流动性最强的资产,是跨国公司在"一带一路"维持日常经营业务的重要保障。但是如果公司出现现金短缺或现金持有量过多的情况,就会造成财务风险。公司现金短缺、资金周转不灵,会影响公司在"一带一路"沿线国家生产经营活动的正常支出,错过投资的机会,甚至可能导致资金链中断。而现金持有量过多时,公司不能有效发挥资金的增值保值功能,机会成本增大,公司的利润率会降低。因此,跨国公司需要对现金风险进行管理,减少不必要的损失。

跨国公司现金风险形成的重要原因是公司缺乏对资金管理的统筹规划。总公司对在"一带一路"沿线投资的子公司实际情况了解不够,难以精确地在子公司之间分配合适的资金。子公司内部出现资金短缺没有得到及时的补充,或者流动资金过剩时没有充分利用,都会给公司财务带来损失。

跨国公司现金风险的管理首要工作是把握各部门对现金的需求量以及需要支付的时间,确定保持合理的现金存量,保证足够的现金流动性,防范和控制现金短缺或过多的风险。跨国公司总部要统筹资金管理,可以设立中央金库,对公司财务进行集中管理,根据分布在"一带一路"国家各个子公司的需要安排子公司资金的持有形式和币种。[①]公司还可考虑采取多变净额结算方法,子公司之间只对固定时期内债权债务互相抵消之后的资金部分进行结算。这样能加快资金周转速度,减少对流动资金的占有率,提高资金使用效率,降低资金转移成本,减少资金转移时"一带一路"沿线国家汇率波动带来的汇率风险。

二 应收账款风险成因及管理

应收账款风险是跨国公司在经营业务过程中经常出现的问题。中

---

① 丁桂琴:《论跨国公司的财务风险管理》,《财会学习》2018 年第 9 期。

第六章 "一带一路"倡议下跨国公司财务风险管理

国跨国公司在"一带一路"沿线国家经营业务，有时会为了增加市场份额、扩大销量，以赊销的方式进行营销，或者为了减少"一带一路"沿线国家汇率变动带来的外汇风险，采用信用交易，但这种方式容易导致公司的应收账款无法足额、及时回收，造成应收账款风险。特别是公司对"一带一路"沿线国家当地的企业客户信用程度不了解，违约风险高，公司财务出现坏账的可能性更大。积压严重的应收账款会破坏企业资金的可流动性，造成公司财务状况恶化。因此，我国跨国公司在"一带一路"经营需要在信用交易所带来的利益和其所带来的风险成本之间进行适当的权衡，既可采用信用交易，又需保障应收账款能及时安全收回以避免或减少死账坏账。①

中国参与"一带一路"建设的跨国公司可以从以下三方面对应收账款风险进行管理：

（1）完善公司信用风险管理工作。要在公司内部建立专门的信用风险管理部门，对"一带一路"国家交易客户的信用进行调查、分析和监控，根据评估结果选择交易对象和合适的交易方式，降低应收账款风险发生的可能性。

（2）加速外部应收账款回收。"一带一路"国家汇率波动频繁，国际金融市场也瞬息万变，公司存在大量外部应收账款，不仅会增加机会成本，而且可能会导致巨大的财务风险。因此，"一带一路"跨国公司应加速外部债权的回收，提高资金周转速度，降低资金占用成本，增加投资收益。

（3）加强内部应收账款管理。由于内部交易而产生的应收账款管理也是跨国公司需要高度重视的问题，目前，很多跨国公司已经采取净额结算法减少应收账款无法收回带来的财务风险。除此之外，公司还可以选择最有利的结算时机，有意识地提前或推迟付款，以增加利

---

① 吴建功：《企业跨国经营财务风险指标体系问题探讨》，《金融经济》2017年第12期。

息收入或节约利息费用。[①]

三 存货风险成因及管理

跨国公司在"一带一路"沿线国家投资经营,对资金特别是流动性资金的需求比较大,而存货过多会占用公司的资金,增加管理成本和存储费用,减少公司利润。但是,如果存货太少,又可能导致货源不足甚至无货可售,使公司错失商机,不利于公司的生产经营。通货膨胀比较严重的国家,远期外汇市场往往不健全或不存在,并且通常实行严格的外汇管制,如规定本国货币不能自由兑换成硬通货,也不能自由汇出。在这种情况下,财务经理就应该预测公司所在国货币贬值的程度,并相应地增加进口存货的库存数量。这是因为在货币贬值后,存货按当地货币表示的进口成本将大为增加。当然,存货的超前购置会带来较高的资金占用成本和仓储费用,因此,存货应否超前购置需要进行具体的成本效益分析。

跨国公司要合理把握存货结构和数量,在保证生产计划顺利完成的同时注意规避通货膨胀风险,改善公司的财务状况。跨国公司通过对比持有存货与存款两种不同货币的机会成本,选择最优的存货持有结构及数量,实现资产的保值增值。[②]

跨国公司的财务部门要加强对存货购进、发出和库存的日常核算,定期将采购部提供的送料单、领料单和相关账目与仓库方面进行核对,及时掌握公司的存货情况。另外,为了避免寄提存货降价给企业的生产经营造成冲击,财务人员要定期检查存货的账面价值,然后对存货风险可能造成的损失进行合理估算,预留出相应的资金用来应急。[③]

[①] 褚嘉璐:《跨国公司财务管理策略浅析》,《对外经贸》2017 年第 8 期。
[②] 吴建功:《企业跨国经营财务风险指标体系问题探讨》,《金融经济》2017 年第 12 期。
[③] 刚钰玲:《S 公司资金运营风险管理研究》,硕士学位论文,大连理工大学,2015 年。

第六章 "一带一路"倡议下跨国公司财务风险管理

此外，要加强对存货的管理，公司对"一带一路"沿线国家客户信用缺乏了解，不仅会影响应收账款的收回，而且还可能增加公司计划之外的存货数量。不少公司存货增加是因为客户没能及时支付款项，交易推迟。公司要定期对存货进行盘点，及时联系客户提醒交易和催款，对于预期无法实现交易的存货，要及早规划处理，降低财务风险。

第五节 "一带一路"倡议下跨国公司收益分配风险

跨国公司将生产扩展到"一带一路"沿线国家，目的是获取更大的利润。收益分配是公司生产经营取得的最终利润在公司利益所有者间的分配，是公司财务活动的最后一个环节。但是如果公司收益分配政策错误或失当导致公司后续的投资生产经营活动遭受损失，就是收益风险。

一 "一带一路"倡议下跨国公司收益分配风险成因

跨国公司的收益分配风险主要来源于以下三个方面。

第一个是收益确认风险，跨国公司进行会计核算时如果低估了成本费用而确认的收益太多，会使公司利润虚增，公司将缴纳更多税款，导致公司财务收益减少。"一带一路"沿线国家所使用会计的准则千差万别，即使是同一法系的国家会计准则也有所差异，中国跨国公司有时需要根据"一带一路"沿线国家实际情况选择适用当地的准则，否则，在最后汇总报表的时候就可能错误评估经营成本和收益，造成财务风险。

第二个是公司应收账款引发的收益分配风险。公司在"一带一路"沿线国家经营可能存在大量应收账款，这会减少最后实际应分配的收益，股东收益不足会大大打击投资者的信心，不利于公司后面的投融资工作。

第三个是利润分配不当风险。跨国公司如果分配收益的时间、数额和方法不当，可能会引发财务风险。如果分配利润过多，会导致公司偿债能力降低，后续生产经营资源不足。如果分配利润太少，则会挫伤公司投资者的积极性。跨国公司在"一带一路"沿线国家经营建立了众多的子公司和分公司，增加了公司组织结构的深度和广度，公司难以精确把握各个公司的具体情况，如果在分配收益时发生严重偏差，就会造成收益分配风险。

二 跨国公司收益分配风险管理

跨国公司对收益分配风险的控制要根据公司具体运营情况而定。既要考虑到投资者的利益，又要保证公司后续生产经营、扩大生产规模的资金需求，合理制定利润分配率。跨国公司可以从以下几方面降低收益分配带来的风险。

第一，改进会计方法。中国跨国公司在国际经营方面还比较缺乏经验，在"一带一路"沿线国家投资进行会计核算时，可以借鉴已有丰富经验的跨国公司的经验，学习最新的会计理论成果，选择能够真实反映公司实际收益的会计方法，提高公司会计计量的准确性，减少因为会计误差多交税款给公司带来的损失。

第二，统筹资金安排。中国跨国公司前往"一带一路"沿线国家投资经营，要从长远利益出发，着眼公司的未来发展。在争取利益最大化，维护投资者权益的同时也要确保企业扩大再生产资金的充足，经营管理者要和投资者沟通，明确公司发展战略目标，统筹资金安排，降低收益分配风险。

第三，合理制定利益分配方案。公司要把握好收益分配的时间、数额和形式，如果利润较高且收入稳定则可以分配较多利润，否则，就要谨慎分配，防止出现债务危机以及生产资金有缺口的情况。同时，公司还可以考虑多种收益分配方式，比如把收益转化为投资形式，这样不仅能够解决在"一带一路"沿线国家经营时的资金需求问题，还可以减少财务风险。

第七章 "一带一路"倡议下跨国公司的交易风险

当前，便捷的交易工具在国际金融市场上使用日渐频繁，国际资本流动加快，汇率机制在国际货币体系中没有统一，各个国家的汇率变化动荡不定，而"一带一路"沿线国家更多的是处于发展中的国家，债权和债务的结算周期比较长，更可能存在腐败行为、资本管制，以及通货膨胀等问题，导致中资跨国公司在使用外汇进行交易结算时更可能出现外汇汇入和汇出不通畅，名义汇率和实际汇率差别较大等情况，使得交易风险增加，带来较大的汇兑损失。因此，研究跨国公司面临的交易风险并立足于本国国情提出相应的措施和建议具有重要意义。

第一节 跨国公司交易风险的来源及影响

"一带一路"沿线国家多为发展中国家，发展中国家市场经济体制不完善，抵御市场风险的能力较弱，因此其交易风险的形成和分类与其他交易风险形成原因及分类既有相同之处，又有所区别。本节主要介绍交易风险的基本定义，结合"一带一路"背景分析跨国公司在和"一带一路"沿线国家和地区进行人民币与外币兑换时产生外汇交易风险的原因，并结合形成交易风险的原因将外汇交易风险进行分类。

"一带一路"与跨国公司金融管理

一 跨国公司交易风险的定义

本章所指的交易风险是指"一带一路"倡议下跨国公司在使用外国货币收取和支付结算，从签订合同到全部接受债务的交易过程中，因为汇率变化而遭受一些经济损失。其中最显而易见的是外汇风险。由于汇率在企业自身的现金流量中占据着较大的比重，所以如果该外汇价值发生变化就一定会使得企业的现金流量发生巨大变化，进而导致企业收益以及预期收益都发生变化。总的来说，如果汇率波动幅度变大，跨国公司的交易风险也会增加。外汇交易风险的产生主要是伴随着跨国公司对外货物买卖以及劳务买卖使用外汇进行结算而发生的，属于"一带一路"跨国公司在经营过程中必须控制的一类风险。

二 跨国公司交易风险产生的原因

首先，"一带一路"跨国公司外汇交易风险产生于人民币和"一带一路"国家外币之间的兑换。而在中资跨国公司"走出去"的过程中，人民币是衡量所有跨国公司经济利益的货币指标。如果跨国公司在和"一带一路"国家进行交易的过程中使用人民币计价结算支付，那么在此次交易结算中就不会产生外汇交易风险。但是，由于人民币是非自由兑换货币，所以中国的"一带一路"跨国公司在对外交易中主流的计价结算方式是选择可自由兑换货币与人民币兑换，交易风险则随之产生。从跨国公司层面进行分析：当跨国公司需要进口货物时，有必要交换相应数量的外币进口商品；当跨国公司需要出口货物时，则有必要将出口货物的外币兑换成国内货币，以支付国内的生产经营结算。

其次，外汇交易的风险来自"一带一路"国家可自由兑换货币汇率的波动。在中国跨国公司的对外贸易、投资与融资的活动中，产生了"一带一路"外币和人民币的汇兑。如果汇率没有变化，则以跨国公司的外币计价的资产或负债的价值不会发生变化。因此，在原有的固定汇率制度下,跨国公司外汇交易的风险很小。在浮动汇率制度下,汇率浮动会使跨国公司外汇交易风险变大。在 2005 年之前,中国的汇率制度实际上与美元挂钩,跨国公司在中国的大部分外汇交易都使用美元结算收付。那时的外汇交易的风险并不明显,相比之下以非美元外币计价的交易外汇风险则较为突出。

最后,跨国公司外汇交易风险也受时间因素影响。一般来说,中国的跨国公司从交易到实际收到应收账款,实际支付应付账款,以及最终结算借贷本息,都间隔一段时间。这些结算间隔时间就是影响交易风险的时间因素。在此期间,外币与人民币的汇率可能会发生变化,并可能产生外汇交易的风险。通常,间隔时间越长,人民币兑外币的汇率浮动越大,外汇交易的风险就越大。外汇交易风险包括两方面,一方面是时间风险,另一方面是价值风险,可以看出,改变间隔时间可以降低外汇交易风险,但"一带一路"跨国公司外币和人民币兑换的价值风险依旧存在,并且没有办法消除,因此外汇交易风险不可能完全避免。

三 跨国公司交易风险的种类及影响

(一)跨国公司交易风险的种类

跨国公司交易风险常见的表现方式可以分为以下四种:(1)在交易过程中跨国公司已经发出货物或者提供了服务但是没有及时结算以及收取支付款项,如果此时外汇汇率发生变化,跨国公司就会面临一定的交易风险;(2)跨国公司与外国公司之间的信贷交易,如果最初是基于外币定价,那么在债券债务保留阶段,时间因素引起的汇率波动必定会给跨国公司带来不可避免的外汇交易风险。(3)如果在中国,一些公司需要流入一些外汇资金,那么在这些资金的输入和输出的过程中,就必定存在人民币和外币的兑换,此时跨国公司必然要面临不同种类货币之间的汇率风险。(4)跨国公司签订的但是还没有实现的外汇交易合同,合同上约定的即期兑换汇率和到期兑换汇率

"一带一路"与跨国公司金融管理

发生变化,也会产生外汇交易风险。

(二)跨国公司交易风险的影响

交易风险既对当期已实现收入损益有影响,也对可预期现金损益有影响。交易风险会导致已实现损益的变化,伴随一定的税收效应;对未来可预期现金损益的影响,有时也会根据权责发生制的原则按估计的本期应分摊损益入账而产生税收效应。由于跨国公司的财务报告不能将所有的交易风险反映出来,所以跨国公司应该采取专门的手段补充财务报告以追踪和掌握交易风险的情况。当期没有结算的以其他国家货币定值的应收资金、应付资金,进出口信贷资金、到期后将要进行的付汇或收汇资金,外币贷款的本金与利息的偿付等,都会产生交易风险,给跨国公司的收益带来一定损失。

交易风险的影响包括对当前现金流量的影响,以及对未来可预见现金流量的影响。交易风险对当期现金流量的影响表现为汇率波动对已收款项发生作用,使得已收款项收益亏损或者增加。

对未来可预见现金流量的影响是跨国公司会根据当期的资产负债结算当期损益,根据权责发生制征税。交易风险并不能完全在跨国公司的财务报告中体现,因此跨国公司必须针对交易风险产生的特点建立以及完善财务报告,这样才能全面地追溯以及把控外汇交易风险。

第二节 影响"一带一路"倡议下跨国公司交易风险的因素

"一带一路"沿线国家多是发展中国家,因此影响跨国公司外汇交易风险主要有投资周期长、沿线国家金融衍生工具管理不到位、"走出去"企业对经营对冲策略缺乏了解、政策管制对中资跨国公司影响较大四个因素,本节主要是对这些因素进行详细分析。

一 跨国公司投资周期长

第一,由于跨国公司部署境外投资项目必须考虑多种环境因素,

第七章 "一带一路"倡议下跨国公司的交易风险

所以从选择建设地点到顺利完成项目需要较长时间，加上需要根据项目的特殊性安排不同的验收周期，这些都容易使得项目的验收交付时间延后。时间跨度越大，汇率变动的不确定性就越高，从而使得跨国公司面临的外汇交易风险也就越大。第二，跨国公司对外投资额度较大，因此微小的汇率变动也会造成金额较大的汇兑损失，而对于跨国公司来讲，主观上也希望尽可能推迟这样一笔数额较大的开支，加上汇率变动，使得收回的金额和预计金额之间存在差异。

二 "一带一路"沿线国家金融衍生工具管理不到位

对于在发达国家经营的跨国公司来说，由于发达国家基本上都存在较为完备的金融市场，所以使用金融衍生工具可以对冲大部分交易风险。"一带一路"沿线多为欠发达国家，金融市场并不发达，中资跨国公司目前只能通过远期结售汇以及贷款的方式来减少或者规避外汇交易风险。由于中国国内银行并未开通办理"一带一路"沿线某些国家的货币兑换业务，跨国公司通常要通过国外金融机构办理资金流入和流出的汇兑，由此增加了跨国公司的交易风险以及成本。

大多数的跨国公司都选择了较为简便的做法，即首先将国外货币按照美元的汇率兑换成美元，然后再将美元兑换为人民币，这种做法虽然简便易操作，但是却产生了双重汇率的兑换风险。[1] 此外，从客观情况上来看，国内金融衍生品市场结构单一，目前并没有外汇期货市场。将国内金融衍生市场和发达国家的金融市场相比可以发现，中国国内的外汇衍生市场发展基本为零，从企业层面上来看这使得中国跨国公司在对外交易活动中缺乏防范汇率风险的工具，从国际层面上来看，这也不利于人民币国际化以及确立人民币在国际外汇市场上话语权。

---

[1] 陈玉梅:《试论我国人民币汇率风险的管理》，《辽宁商务职业学院学报》2004年第4期。

三 "走出去"企业对经营对冲策略缺乏了解

交易风险的防范以及规避是一项难度较大以及对操作技术要求极高的业务。就运用外汇衍生产品对外汇交易风险的规避以及防范来说，有远期外汇买卖、掉期外汇买卖、期权、人民币远期结售汇等各种工具和组合。一般来说，对金融衍生工具使用灵活并且能够结合实际情况进行组合会降低外汇交易风险，但是，如果专业人员操作不恰当、不熟悉，使用单一外汇金融衍生工具必然会使得跨国公司的外汇风险加大，给公司带来的损失也会越大。

就目前来看，中国企业大都还处于对国外金融衍生产品不熟悉的状态，因此大多数中资跨国公司在对外贸易中很少甚至基本不会使用衍生工具来降低公司的交易风险。这种现象主要存在于以下两种情况。第一种情况是，尽管一些公司具有规避汇率风险的意识，但由于缺乏宣传或银行营销，他们对国外新生的金融外汇衍生产品缺乏了解，导致公司一直沿用老套的结算方式进行资金的收付，没有想过通过其他方式减少外汇交易的损失。外汇结算和贸易融资等自然对冲方式削弱了锁定人民币和外汇掉期汇率风险的必要性。与此同时，许多跨国公司需要改进其产品定价机制，中国目前的汇率制度正朝着市场化的方向逐步发展，但在价格波动方面，基层分支机构的功能十分有限。[1]

第二种情况是，有许多跨国公司在产品定制机制方面并不完善。根据相关研究结果，目前国内银行的价格波动权问题有三种形式：第一种形式是只有六十点的浮动授权；第二种形式是，基层分支机构一定不能给客户让渡，要朝着对银行方有利的方向发展；第三种形式是市场信息不对称。由于许多企业管理层对汇率浮动政策知之甚少，企业和银行在确定衍生品的实际交易价格时难以与银行机构形成有效的

---

[1] 许广安：《"走出去"企业海外公司外汇管理初探——基于"一带一路"沿线国家的实践》，《中国总会计师》2018年第5期。

价格谈判关系。

四 政策管制对中资跨国公司影响较大

政府监管在一定程度上影响汇率变动，直接影响中国跨国公司面临的外汇交易风险，总的来说，政策管制来源于国内和国外都存在的政策制度壁垒。

首先分析国内的政策制度，根据中国颁布的相关政策法规，国内银行必须以实际需求交易为原则进行人民币和外币掉期或远期外汇结算和销售，这使得银行机构难以协助未确定收汇时间的中小企业处理上述业务。在全球经济加速一体化和自由化的背景下，国际经济市场竞争日趋激烈，导致国内外众多自营出口企业和外贸中小企业很难用自己的力量来确定收汇时间。

其次分析国外的政策制度，"一带一路"沿线国家政府调整本国货币政策，强加外汇壁垒，直接干预外汇市场的调整措施，对汇率波动产生了不同程度的影响。"一带一路"沿线的大部分国家都是发展中国家，市场经济体制不是很完善。加上国内抵御金融风险的能力较弱，大多数国家的货币兑换受到政策的影响，主要表现在三个方面：首先，子公司利润的汇回受当地的限制，这使得子公司拥有大量的外汇交换风险敞口。其次，市场汇率往往受到政府的干扰，无法反映真实的购买力水平，从而导致日常运营受到影响。最后，政策的可变性使得货币风险难以预测。

第三节 "一带一路"倡议下跨国公司交易风险的管理对策

基于对跨国公司对外贸易经营活动中面临的外汇交易风险的分析，本文总结了如下规避外汇交易风险的管理对策，主要包括合约套期、运作套期、采用多种货币对冲以及鼓励跨国公司采用人民币跨境结算等。

一 采用合约套期的方式

（一）远期外汇市场套期

在限期内，跨国公司按照已经确定的汇率买进或者卖出一定外币的方法叫做远期外汇市场套期。远期外汇交易是指进口商和出口商结算外汇的交易。在实际收付款项之前，双方首先根据远期合约商定好汇率，以防止未来汇率浮动，对销售商品的价格以及成本造成影响。确保双方可预期的收益不会因为汇率的变动而发生变化，这种方法完全消除了外汇风险。由于外汇风险涉及时间风险和价值风险，采用远期合约方式签订合同能够改变时间结构，在限期内利用货币对冲降低风险。[①] 在中国，远期外汇交易是一种非常重要的外汇对冲工具，明显带有结售汇制度的特点。从中国外汇市场现有的实践经验和金融工具来看，基于远期合约性质的远期结算和交易是企业最重要的汇率对冲工具，中国企业目前使用这一金融衍生工具的比例较高，达到90%以上。

远期结售汇只适合人民币兑换外币的远期兑换交易，通过能办理特定外汇业务的银行与对方企业签订远期外汇结售协议，双方商定好办理计价收付的外币种类、金额以及支付时间，等到约定的时间，双方根据协议办理资金的收付。由于协议双方事先约定了办理资金结售汇业务的时间，将未来的风险转移到当前，所以跨国公司采用远期结售汇的方式能够在相当大的程度上减少外汇交易风险。当前，中国已经开放了远期结售汇交易的时间限制，外汇交易银行可以自己确定交易的时间以及交易次数，交易期限现在最短为7天最长可达到一年以上。通过远期结售汇，双方不仅能固定交易的日期，还可以在事先约定的有效期里择期办理，外汇结算银行也能根据自身的业务能力对客户报价。灵活的操作方式以及时间、报价等使得远期结售汇已经成为

---

① 吴敏慧：《我国企业国际贸易外汇风险现状分析》，《商业文化》2012年第9期。

跨国公司对外经营降低外汇风险的第一选择。

（二）货币市场套期

大部分跨国公司在使用货币对冲工具降低交易风险的情况下都会选择使用货币掉期合约，货币掉期合约是指跨国公司在拥有以外币结算的应收资金时，通过选择借入等值的外币资金，对冲外汇的交易风险。跨国公司使用货币对冲的方式是实现货币套期保值的基本方式之一。货币市场套期与远期市场套期十分相似，但是与远期市场套期不同的地方在于货币市场套期是一种借贷合约，而远期市场套期则是一种买卖合约。货币市场套期只要能保证选定的日期以及汇率、利率一致，那么借贷活动就可以在同一时间发生，在一定程度上规避了外汇交易的时间风险。从本质上来说，货币市场套期实际上是跨国公司自行选择的一种远期协议，因此与远期外汇市场套期产生的结果一样。

（三）期货期权市场套期

从某种意义上来说，期货期权不是一种商品而是法律协议，协议双方约定在未来某天以协议商定的价格买入或者卖出商品。期货市场的交易商品种类包括农产品、石油，或者其他金融产品。总的来说，期货就是预订合约，规定了买卖双方在未来某天必须履行的买卖义务。期货合约的交易地点在期货交易所即期结算，并且期货市场的商品价格每日都会发生变动，因此投机者不仅可以从期货期权交易中获得收益，更可以利用期货期权来实现套期保值甚至规避商品价格波动带来的商业风险。

二 采用运作套期的方式

（一）选择计价与结算货币

跨国公司在进行外汇的计价结算以及资金借贷时可以选择本国货币、对方国家货币或第三国货币计价，因此这必然面临选择计价货币交易的问题。一般意义上来说，各跨国公司出口收款通常选择硬货币，进口付款选择软货币，因此，买卖双方可能对采用的估值货币有不同的意见，本章认为跨国公司在选择计价与结算货币时必须参考如下方面：

首先，跨国公司尽量多选择可自由兑换的货币，因为选择这种货币可以促进多边国际结算，从而使企业获得比较优势并降低货币储备的风险和成本。其次，在进口付款时争取使用软货币，在出口收款时尽量选择使用硬货币。但是，值得一提的是，外汇交易风险是双方都需要考虑的事情，双方都希望能通过选择合适的估值货币降低本公司的损失，因此交易双方在协议商定过程中极有可能发生争议，给交易磋商带来难度。

面对这些问题，有以下几种解决方案：第一，双方在选择计价货币时，对估值比较满意的一方需要在其他方面向对方做一些让步，比如信贷期限、利率等。第二，双方协议商定使用"软货币"和"硬货币"组合的方式来降低双方共同承担的风险。第三，在相同的时间段内，交易双方有多项业务往来，则选择统一货币计价结算。第四，可以通过选择多种货币对冲，以此将外汇风险降低到最小。如果交易的出口商同时也是进口商，但是交易对手不一样，那可以选择使用相同的外币定价，同时还可以分别和对方商定外汇资金收付的时间以及利率等，以此来达到避免外汇风险的目的。

（二）风险分担协议

风险分担协议是交易双方通过在协议中添加一组或者一种对冲货币，同时预先设定结算货币和对冲货币的汇率，假设汇率在资金支付之前发生了波动，那么交易双方会依据之前约定的汇率调整，这样，交易双方都可以很好地防范在交易过程中发生的交易风险。在国际支付体系中，企业常选择的套期保值方式有"一篮子"货币、黄金套期保值、硬货币套期保值等。当货币波动幅度较大时，立即改到用其他货币交易的方式是极为不方便的。这时在出口合同中加入"硬通货"套期保值条款，可以一定程度上控制买方和卖方承担的汇率风险。增加黄金保值条款的原则与"硬通货"的原则基本一样，只是将硬通货改为多种货币的组合以及黄金，这种方法对交易双方都十分有利，双方接受的可能性较大。

（三）提前或延后收付

提前或者延后结汇的方法需要对方同意即可实现，具体而言就是交易双方事先在合同中规定或者在交易完成后与交易的另一方约定收付资金。因此，提前或者延后收付法是各对外企业最喜欢的交易方式之一。提前或者延期收汇结算在不同公司的交易谈判过程中必然会引发争议，除非是在集团内部企业之间进行。因此，如果是在不同企业之间采用这种交易结算方式，那么一方必须向另一方作出一些让利，不然很难达成共识。例如果一方提前支付了资金，那么另一方应该给予提前方一些优惠，从而使得双方风险共担进而避免外汇交易风险的产生。所以跨国公司在对外支付资金的情况下，可以通过预测外汇变动趋势改变支付时间来降低外汇风险。

三 采用灵活多样的对冲策略

（一）充分利用贸易融资

贸易融资主要是指通过使用短期融资工具进行融资的业务，如库存商品、预付款、应收账款和其他商品贸易资产。跨国公司的外汇风险管理，本质上是一种套期保值操作。事实上，目前的贸易融资业务在中国商业银行中发展迅速。跨国公司的一些外汇风险管理人员对贸易融资业务了解不足，他们过去只是简单地使用应收账款保理业务。因此，跨国公司可以灵活运用新兴市场国家商业银行提供的商业银行服务，根据自身业务需求降低外汇风险。

（二）买方融资

买方融资业务是指商业银行根据买方和卖方之间的购买合同为买方购买应付账款提供的融资，并直接支付给卖方。这样做的优点是，对于跨国公司而言，买方的信用风险转移到商业银行，这不仅彻底消除了应收账款坏账的风险，而且加快了收款时间，最大限度地避免了汇率波动的风险。

（三）国际福费廷业务

出口押汇、贴现也是商业银行提供的短期融资服务，它们是商业银行应收账款人或持有人无权追索的长期汇票和本票。跨国公司在使用这项业务时有三个优势：第一，福费廷业务是一种无追索权的贸易融资工具，节省了管理账户的费用，即使出现信用风险，跨国公司也不必担心。第二，跨国公司可以立即申请外汇核销和出口退税，从而加快资本流动。第三，在这种方法下，跨国公司可以与客户签订合同，同时可以获得更优惠的合同价格，从而实现双方共赢利。

（四）打包放款

打包放款是指跨国公司可以从国内商业银行申请贷款，并附上外国银行的信用证，商业银行根据信用证收取货物汇款后，扣除贷款利息和手续费，然后向跨国公司支付余额。在这种情况下，跨国公司缩短了外汇收汇时间，并且信用证被用作抵押品，因此基本上可以保证还款。同时，与出口票据等其他方法相比，提前收款的时间更早，可以更有效地降低汇率波动风险。

（五）NDF 金融工具

由于跨国公司的主要海外业务在"一带一路"沿线国家，大量的官方外汇管制使得发达国家使用的许多金融对冲工具都没有用处。但是，随着商业银行业务不断推陈出新，"一带一路"沿线国家现在也出现了一些金融对冲工具。

NDF 即无本金交割远期外汇交易（Non-Delivery Forward），出现在 1996 年左右，目前，亚洲最重要的离岸人民币远期交易市场是新加坡和中国香港人民币 NDF 市场，其市场状况反映了国际汇率变化的预期。NDF 是远期外汇交易的典范，是一种衍生金融工具，存在于银行与中国境外客户之间的远期市场中，主要目的是帮助客户通过 NDF 交易进行套期保值，有效避免汇率波动带来的风险。但是，当

NDF 到期时，只计算差额，而不是实际交付，最后将美元用作结算货币。

NDF 主要交易产品的投资期一般为一年以下。对于超过一年的合同，交易通常不够活跃。目前，对于不可自由兑换或少量交易的外币，许多外国银行已通过 NDF 为客户提供非自由兑换货币的保值服务，以此满足"一带一路"建设中跨国公司的外汇风险管理需求。基于跨国公司的商业模式和新兴市场国家现有金融衍生品的使用，本书建议跨国公司在套期保值后仍存在外汇风险时，使用 NDF 金融工具对冲外汇风险。

四　鼓励跨国公司采用人民币跨境结算

在人民币正式成为国际货币基金组织特别提款权（SDR）的组成货币之前，跨国公司的外汇风险管理者不了解人民币国际化的相关过程。因此，他们没有考虑利用人民币国外结算的方式减少新兴市场国家外汇风险。

事实上，选择人民币作为结算货币有很多优点：首先，它直接节省了货币兑换环节，因此它是降低汇兑损失的最根本的解决方案。其次，产品的定价货币增加，为客户提供更多种类的选择，这将有利于业务的顺利开展。最后，对于公司的资金管理，支付手续比较方便，可以加快资金周转。过去，人民币国际化程度一直制约着人民币在境外的使用。现在，随着"一带一路"沿线国家的发展，人民币正式"入篮"SDR，人民币在"一带一路"沿线国家的使用得到了很大的发展。

基于目前人民币国际化的程度和发展态势，本书认为跨国公司可以从两个方面分享人民币国际化带来的利好：一方面，在难以使用美元结算的国家，建议对方企业使用人民币，这样跨国公司的汇款货币直接变成人民币。另一方面，对于一些需要项目资金预付款的代表处，跨国公司可以根据实际情况使用两个中央银行之间的互换协议进行融资。

第八章 "一带一路"倡议下跨国公司的经营风险

经营风险几乎是每个企业都会遇到的问题，研究企业经营风险，提前制定预防措施对企业有效避免经营风险十分重要。本章主要介绍"一带一路"沿线国家跨国公司汇率风险下的经营风险。通过对已有文献的梳理发现，几乎没有针对"一带一路"框架下跨国公司的经营风险的研究，本章主要是通过分析沿线国家跨国公司所面临的经营风险以及影响经营风险形成的因素，并提出一些应对措施。本章对跨国公司经营风险的研究主要是建立在外汇风险基础上的，研究汇率意外变化造成的经营风险，但考虑到"一带一路"沿线国家较多，政治环境、文化差异较大，因而也从宏观环境方面着手分析跨国公司面临的经营风险。

第一节 跨国公司经营风险概述

一 经营风险的概念

经营风险也称为经济风险、竞争风险，甚至是战略风险。它表现为汇率意外变化引起现金流变化从而导致企业现值变化。经营风险分析主要评估汇率变化对未来几个月或几年的业务运营和竞争地位的影响。分析经营风险的目的是寻找战略行动或经营技术，通过识别风险来应对汇率意外变化的风险。

二 经营风险产生的原因

跨国公司经营风险的产生不可避免地具有主观性，它主要取决于对任意一段时间内未来现金流变化的估计。跨国公司的现金流可分为经营现金流和融资现金流，经营现金流来自公司与公司之间及公司内部之间的应收款项、为使用设施和设备而支付的租金与租赁费、使用技术和知识产权所支付的特许权使用费和许可费，以及提供服务收取的管理费；融资现金流是支付公司间和公司内部贷款（本金和利息）及股东权益的款项。在这些现金流中，可能存在不相同的时间间隔、不相同的金额，以不同的币种标价，且每笔收支都具有不同的可预测性。总之，企业未来现金流会因为汇率的变化而产生变化。

跨国公司现金流的变化主要有两种途径，一种是汇率变动影响海外子公司产品在海外市场的价格和地位，降低产品竞争力从而影响以外币表示的经营现金流；另一种是汇率变动时，以外币表示的现金流变换为人民币可能导致现金流减少，因此，跨国公司经营风险主要是由汇率波动导致经营现金流变化带来的，风险大小取决于融资战略、营销购买战略和生产战略的互动。

跨国公司在运营过程中面临国情、政策制度、文化环境等差异，这一系列差异会影响汇率，造成汇率的波动，进而影响企业的生产成本、原材料的价格、产品市场的价格，引起企业现金流的变化，导致跨国公司经营风险的产生。

第二节 "一带一路"倡议下跨国公司面临的经营风险

目前，国际局势的不稳定使跨国公司面临的国际环境不佳。2015年，美联储退出量化宽松政策，持续加息，全球货币除了美元都开始贬值，一直延续至今。2016年英国脱欧、特朗普当选美国总统，国际经济环境不稳定，外汇市场也处于不断波动的状态。2018年，中

"一带一路"与跨国公司金融管理

美贸易摩擦加剧，外汇市场再次受到冲击。面对全球外汇市场不断波动的情况，跨国公司的国外投资意愿并未减少，积极响应习近平总书记提出的"一带一路"倡议。"一带一路"是"丝绸之路经济带"和"21世纪海上丝绸之路"的简称，该倡议旨在打造一个区域经济共同体，以实现合作共赢为目标。这一战略性提议为跨国公司在海外发展提供了绝佳的机会，同时跨国公司也面临一系列的经营风险，主要表现在以下几个方面。

一　生产成本波动较大

生产成本低是中国跨国公司在"一带一路"沿线"走出去"所具有的产品成本优势，因而跨国公司主要通过价格手段竞争。"一带一路"沿线国家的跨国公司主要生产低端出口产品，其需求弹性大、替代产品多、竞争优势相对薄弱，产品的价格较低，附加值比较低，面临的风险较大。

"一带一路"沿线国家的劳动力成本大多较低，但这些新兴市场国家现在都有一定程度的输入型通货膨胀，一旦当地货币贬值，产品的成本优势就会大大降低。中国跨国公司的资金流动主要是向本地供应商付款，向客户收款以及进行本地化营销投资。一般来说，跨国公司向当地供应商支付当地货币，一旦当地货币升值，可能会出现无法收回成本的情况。此外，如果一家跨国公司坚持允许客户在收款阶段以当地货币结算，可能会导致客户转向其他竞争对手，这将面临客户流失的风险。

二　原材料采购面临的不确定性加大

汇率的波动直接影响原材料的价格，行业是否能采购到足够数量、质量合格的原材料面临着一定的不确定性。在生产运营期间，跨国公司与供应商之间的关系通常是暂时的或短期的合作，竞争多于合作。公司原材料采购的来源有多种，对原材料采购进行管理之前，管理者必须了解这些原材料的主要来源。在"一带一路"沿线国家中，中国—中亚—西亚经济走廊是中国—中亚石油管道和天然气管道的必经之路。目前，中国—中亚天然气管道始于阿姆河右岸的土库曼斯坦和乌兹别克斯坦边境，途经乌兹别克斯坦中部和哈萨克斯坦南部，从霍尔果斯进入中国，成为世界上最长的天然气管道。此外，中巴经济走廊启动了一项460亿美元的计划，共同推动"四位一体"通道的远景规划，该规划涵盖从新疆喀什市到巴方西南港口瓜达尔港的公路、铁路、油气管道及光缆建设，这些大型基础设施建设既是跨国公司发展的机遇，也因涉及大量原材料采购而对跨国公司的经营提出了挑战。

三 产品市场变化较大

产品市场面临的客户需求、客户偏好、替代品或补充产品的有用性等存在不可预见的变化。市场复杂性的一个表现是消费者偏好差异较大，跨国公司应关注本国市场和目标国家市场中消费者偏好的相似性或差异。市场知识也会影响公司拓展国际业务的产品市场，掌握全球市场知识可以在一定程度上减小国际业务所面临的市场风险，决策者的市场知识量直接影响他们对海外市场机会和风险的理解，从而影响海外市场的商业决策。跨国公司在国际市场上的不同战略选择将带来不同的风险，标准化战略的前提是全球市场中客户需求趋同，但是，由于国际政治、经济文化和习俗的差异，企业的标准化战略已不能满足各国的要求。消费者需求的差异和不确定性使得跨国公司的国际经营面临一定的市场风险。

四 外汇管制环境较差

"一带一路"沿线国家大多因为自身市场经济机制不完善，而对本国货币的汇兑采取各种各样的官方管制，使得这些国家的货币呈现出汇兑流动性很差的特点。在这些地方跨国经营的公司，收入基本上都是当地的货币,在与人民币或美元的汇兑过程中,流动性较差,同时汇率风险对冲的工具非常缺乏,非官方的汇兑渠道又存在法律和合规风险,因此,境外经营经验不足的中资企业可能遭遇汇兑损失。随着人民币国际化的进程不断加快,跨境人民币支付系统不断完善,2016年人民币正式成为国际货币基金组织特别提款权(简称SDR)货币篮子中的第三大货币,人民币的国际影响力与日俱增,但与目前主流国际货币相比还有相当大的差距,还是需要中国的跨国公司同时运用其他手段应对非自由兑换货币的外汇风险。"一带一路"沿线国家大多是发展中国家,更容易出现外汇管制、通货膨胀等经济风险。当一国被实施经济制裁时,不能使用美元进行交易,这将导致跨国公司的结算条件受到限制。此外,一些国家的官方名义汇率和实际汇率差别较大,一方面对跨国公司的汇兑结算影响也较大,使跨国公司在经营过程中容易因合同上约定的高估的名义汇率遭受损失,另一方面也会使得跨国公司在换汇的时候不得不选择折算汇率较低的民间渠道,从而带来汇兑风险。

第三节 影响"一带一路"倡议下跨国公司经营风险的因素

影响跨国公司经营风险产生的因素主要从宏观影响因素和微观影响因素两个层面来分析,其中宏观影响因素主要包括政治环境复杂、政策影响大以及文化背景的不同,微观影响因素主要指汇率波动剧烈、金融衍生工具匮乏。

一 宏观影响因素

(一)政治环境复杂

"一带一路"沿线国家中有相当一部分地区的生态环境比较恶劣,社会结构复杂,而且有些地区面临非常复杂的政治形势和种族冲突,使中国在"一带一路"沿线国家建立的公司面临一定的经营风险。

第八章 "一带一路"倡议下跨国公司的经营风险

从"一带一路"国家跨国公司的经营环境来看,公司所在国的政治形势越稳定、国家市场潜力越大、消费者素质越高,公司面临的经营风险越小。像中蒙俄经济走廊,蒙古国和俄罗斯两国的投资政策存在长期不确定性,蒙古国甚至因为单方面改变投资政策而被评为世界上最差的矿业开采和开发国。俄罗斯的政府办事效率也因腐败行为而低下,俄罗斯政府曾随意变动投资政策,2009年关闭了切尔基佐沃大市场,并没收了中国货物。从长远来看,投资两国的跨国公司的经营风险可能会因投资政策发生变化而变大。[①] 中欧和东欧国家之间存在着许多历史性的外部争端,如亚美尼亚与阿塞拜疆两国关于纳卡问题的争端引起两国之间频繁的周边纠纷,增加了跨国公司的经营风险。此外战争的爆发也会影响跨国公司的经营。

(二)政策影响大

"一带一路"沿线的大多数国家都是发展中国家,市场经济体制不健全,国内抵御金融风险的能力较弱。因此,大多数国家的货币兑换往往受到政策的影响,原因主要有三个方面:首先,子公司的利润受当地国家限制,这使得子公司面临巨大的外汇风险。例如,哈萨克斯坦政府规定外国跨国公司子公司向其海外总部交付利润时需缴纳10%的汇款税,汇款公司必须在汇款后7天内纳税。其次,市场汇率往往受到政府干预,无法反映购买力的真实水平,从而影响跨国公司的日常运营。例如,伊朗国内的投资与油价和汇率密切相关,伊朗政府目前计划降低市场汇率,可能导致市场汇率无法真实反映市场形势。此外,政策的可变性使得货币风险难以预测。对于中国跨国公司而言,必须及时了解当地法律法规的变化,从而较好地防范风险。

(三)文化背景不同

自古以来丝绸之路就不单单是经济贸易沟通的通道,也是一条连接中西方的文化之路。沿线国家众多、民族语言种类繁多,宗教文化

[①] 湛爽:《"一带一路"沿线国家政治风险对中国对外直接投资的影响研究》,硕士学位论文,西北大学,2017年。

极其复杂，几乎囊括了世界主要的文明体系和文化样态，有佛教、印度教、伊斯兰教、基督教等宗教，宗教文化的多样性和差异性使得各国政治制度和社会制度也有着很大的差异。"一带一路"沿线国家涵盖了50多种国家通用语和200多种民族语言，各国之间的文化差异较大，由于各民族在很多国家的跨国分布，民族冲突往往导致国内或邻国之间的动荡和冲突。民族文化的多样性不仅是各国沟通交流的动力，一定程度上也是各国和各民族之间交往的障碍。此外，"一带一路"沿线国家有多种宗教文化，其中不乏实行政教合一或以某种宗教为国教的国家。他们已经将宗教思想融入本国的经济、社会、法律、行为习惯等各个方面。在与这些国家进行文化交流和相关合作时，中国跨国企业就必须关注这些文化上的差异，充分了解他们的宗教观念和价值观念，以避免一些敏感问题，从而降低企业的经营风险。

二 微观影响因素

（一）汇率波动剧烈

与发达国家不同，"一带一路"沿线的新兴市场国家主要以出口初级产品和原材料换取外汇，外部依赖性相当高。在这种情况下，任何国际商品价格的波动和全球经济的复苏或衰退都很容易导致汇率波动。自2014年以来，随着美元加息，英国脱欧和特朗普成为美国总统，全球外汇市场动荡加剧，直接影响本已脆弱的新兴市场国家的经济基础，从而汇率波动加剧。2016年，埃及宣布货币自由流通，埃及镑下跌59%，因土耳其自身债务问题，土耳其里拉全年贬值18%。目前，虽然这些国家的汇率有一定比例的修正，但它们的汇率波动性远远高于人民币汇率的波动性。这给中国跨国公司的业务交易带来了很大的不确定性，不利于公司业务的长期健康发展。目前，随着美联储2017年加息的调整，美元已经进入快速升值的通道，"一带一路"沿线的主要国家未来将面临更大的贬值压力。

（二）金融衍生工具匮乏

对于在发达国家经营的跨国公司而言，由于发达国家基本上拥有相对完善的金融市场,使用金融衍生工具可以对冲大多数外汇风险。大多数"一带一路"沿线国家是欠发达国家,金融市场没有发展起来。中国跨国公司只能通过长期外汇结算和中性贷款来规避外汇风险。由于国内银行不在某些国家开设货币交易业务,公司往往需要通过当地金融机构转换货币,增加交易难度和交易成本。因此,许多公司更倾向于采用更方便的方式将当地货币兑换成美元,然后根据国内汇率将美元兑换成人民币,但这又产生了双倍的汇率风险。另外,从客观上看,国内金融衍生品市场结构单一,没有外汇期货市场。与快速发展的国际外汇衍生品市场形成鲜明对比的是,国内外汇衍生品市场仍然是空白,在微观层面,表现为涉外企业的汇率风险对冲没有较好的解决方案;而在宏观层面,表现为人民币在世界货币体系内竞争力不足,缺乏言论自由权、管理工具和战略手段。

第四节 "一带一路"倡议下跨国公司经营风险的管理对策

经营风险管理的目标是预测并减轻汇率意外变化对企业未来现金流的负面影响。为了实现这一目标,企业管理层可采用分散经营战略。管理层可以使企业的经营和融资资金分散化,也可以改变企业的经营政策和融资政策,这取决于管理层的风险偏好。跨国公司还可以采用经营政策、融资政策以及金融工具对冲经营风险。

一 分散经营

分散经营意味着销售、生产的地点和原材料来源的分散化,采用分散经营战略可避免汇率变化时,管理层因没有意识到未采取有效应对措施而导致企业遭受损失。分散经营可使企业采取有利的投资组合,生产、采购和销售的国际分散使经营风险降低。跨国公司在国际上采用分散经营战略,可使管理层预先准备,在非均衡情况发生时及时确认非均衡并做出竞争性反应。尽管非均衡情况存在无法预测的可能性，但管理层通常可以在非均衡发生时识别出其具体的特征，判断出全球竞争条件的暂时性变化从而制定经营战略。

首先，管理层可选择成本较低的生产地。跨国公司在选择生产地时可从全球战略的角度考虑，在全球范围内进行资源配置，选择劳动力成本较低、原材料较为充足的国家作为生产地进行投资生产，以降低产品的生产成本从而降低企业的经营风险。同时为了降低汇率波动带来的经营风险，企业也可选择在货币与美元直接挂钩的国家进行投资，或者直接在美国建厂投资生产。其次，管理层在采购原材料、零部件时可做出小幅度的变动。控制采购的原材料及零部件的价格是企业生产过程中的重要环节。当外汇贬值，人民币升值时，中国海外子公司从中国进口零部件等原材料的成本会提高，为了维持较低的生产成本，企业可以选择从其他成本较低的国家采购以降低企业的成本，在采购过程中也可关注各国之间的贸易条件和贸易壁垒，选择低税负、贸易开放度高的国家进行采购。当企业的产品在某个出口市场的价格竞争力由于非均衡条件而提高时，向该出口市场营销产品的力度应增强。

二　分散融资

分散融资意味着在多个资本市场上采用多种货币或多个途径进行融资。分散企业融资来源的目的是降低企业融资风险。要能够分散融资来源，企业必须被国际投资界认识和了解，并与银行建立稳固的关系。采用分散融资策略，如在资本市场实施限制性政策或减少政府借贷竞争，不仅可以增加可用资本，还可以降低融资成本；在国内商业周期和国际商业周期不一致时分散融资可以起到降低未来现金流波动造成负面影响的作用。此外，跨国公司面临的经营风险较为复杂，应做好汇率的预测工作，合理选择产品市场并根据汇率变化及时分散融资。

三　采用抵消预期外汇风险的经营政策

（一）匹配现金流

跨国公司选择匹配现金流的方式有多种。第一，在经营风险的现金流相对固定和可预测时,可以购买部分外国货币的债务资本,通过从出口获得相对可预测的现金流来偿还外国债务的本金和利息,通过创造融资现金流出,跨国公司对冲了经营现金流入,这种匹配现金流的对冲形式可有效地消除货币风险。第二,企业可以寻找潜在原材料或零部件供应商来替代目前的供应商,企业将拥有外国货币的营业现金流入,即应收款项,还将拥有外国货币的营业现金流出,即应付款项,当现金流入和流出的规模和时间相同时,可以产生现金流的对冲从而避免经营风险。第三,在货币结算时,企业还可选用外国货币进行支付可避免汇率波动带来的风险,例如,越南可能欢迎中资跨国公司使用越南盾付款。

(二)提前支付与延期支付

公司可以采取提前支付或延期支付的方式来降低公司的经营风险。其原理在于,提前支付是在软通货贬值前偿还所有的债务以避免汇率波动带来的风险;延期支付是希望通过拖后付款来减少需要偿还的硬通货。如果跨国公司的分支机构都是独立的个体那么分散融资的方式便失去了意义,但分支机构之间存在许多定期支付恰好为其采用提前支付和延期支付创造了有利条件,因而全球化经营的跨国公司更容易采用这两种手段。但是由于提前支付与延期支付的融资风险是最小的,而且是最明显的一种转移融资风险的方式,所以许多政府对此进行干预,通常会对提前支付与延期支付的范围加以限制。如果公司有充足的理由提前支付和延期支付,也可与政府就条款进行协商。

四 采用抵消预期外汇风险的融资政策

(一)背靠背贷款

背靠背贷款是指不同国家的两家企业在某一特定时期互相借入彼此国家的货币,在约定的截止日期,偿还之前借入的货币,可以通过即期报价作为互换金额的参考,交易要在外汇市场以外的场所进行,背靠背贷款又被称为平行贷款或信用互换。这种互换实质上是对汇兑损失的抛补对冲,因为两家公司的报表上借入账款与偿还账款均相同。但是背靠背贷款在实施过程中存在两个障碍,一是企业很难找到货币、金额和时间都相匹配的合作者。二是合作者之间可能会存在难以按预期时间偿还所借入账款的情形,虽然在合作之初会商讨各种措施来避免这种情况发生,比如采取资产抵押、以不同种类的货币抵押等措施来将风险降到最低,但是公司还是存在亏损的可能性。当跨国公司的投资资金在国家之间的转移存在实际或预期的法律限制时,可以选用背靠背贷款。

(二)货币互换

货币互换和背靠背贷款相似,区别在于,货币互换不体现在企业的资产负债表上。货币互换要求互换双方在熟悉的市场上用通常使用的货币进行交易,双方通过互换交易商或互换银行签订互换协议的方式完成货币互换。互换协议主要是双方约定用某种一定金额的货币交换另一种货币,按协议约定日期,到期后再交换为初始货币和初始金额,该货币互换的期限,双方可协商确定,最长可达十年以上。此外,如果在货币交换的过程中,某一国家的货币资金成本高,另一国家则需要支付手续费来弥补利差,在实施过程中互换交易商是匿名安排的,交易商的职责是安排所需互换的币种、时间和金额保证货币互换的顺利进行。

(三)建立再开票中心

建立再开票中心是跨国公司避免经营风险的又一方法,再开票中心是作为独立的法人公司以中间人的形式为母公司与国外子公司之间的互动提供服务。子公司在将产品卖给同一企业的分销子公司时,要先将商品卖给再开票中心,由再开票中心将这些商品卖给分销子公司。在这个过程中,再开票中心只是起到中介的作用,办理文件手续。因此,子公司只是将对商品享有的权利转移到再开票中心,商品本质上是直接从生产工厂转移到国外子公司。再开票中心的再销售价格通常都是成本价加上一笔小额服务手续费,收取一笔小额服务手续费也是为免除通过改变定价转移利润的嫌疑。通常是出厂价乘以预计收款日的远期汇率作为再销售价格，但也有其他的定价方法。再开票中心的组织架构可使所有公司联系起来在同一地点进行交易、工作人员具备专业素质等，这些优势使得它可以达到管理外汇风险、保证未来订单的汇率、管理子公司内部的现金流达到对冲外汇风险的目的，但是建立再开票中心的成本较高，容易被当地税务局误认为是企业的避税港。

五　合约对冲，套期保值

采用合约对冲主要是使用金融工具对汇率变动引起的经营现金流量进行保值，主要方法有远期合同法和期权合同法。企业对冲经营风险的有效性取决于企业对未来现金流的可预测性以及企业竞争者对汇率变化反应的可预测性，企业对现金流的预测较为容易，但对竞争者的反应难以把握。当发生严重的汇率变动时，企业采用合约对冲也会使企业在竞争上处于不利的地位，因此企业使用合约对冲所需的资本尽量是不用于分散化经营的资本，才可能使跨国公司在长期更有效地维持企业的全球市场份额。

第九章 "一带一路"倡议下跨国公司的折算风险

跨国公司所面临的折算风险是指在对子公司财务报表进行折算时，由于汇率的变动而产生的折算损益，属于汇率风险下的一种风险。跨国公司所面临的汇率风险类型主要有交易风险、经营风险和折算风险。折算风险与另外两种风险的不同之处在于，折算风险是一种存量的风险，它对于企业的现金流量不会产生影响。

第一节 外汇折算风险及产生原因

一 外汇折算风险

折算风险是由汇率波动而产生的一种风险，是属于外汇风险下的一种风险。跨国公司在年底编制合并财务报表时，由于其海外子公司的财务报表是用外币计价的，在合并时要根据汇率折算为以人民币计价，而汇率的不断变动导致海外交易发生日的即期汇率和资产负债表日的即期汇率不同，从而产生了外币折算的汇兑损益，就构成了跨国公司的折算风险。国内的会计准则规定折算时各个报表所采用的具体汇率为，资产负债表按照每年年末资产负债表日的即期汇率进行折算，而所有者权益表中的科目均按照科目交易发生日的即期汇率进行折算，但未分配利润科目采用倒推的方法进行计算，利润表则是按照交易发生日的即期汇率或近似汇率进行折算，在进行外币兑换时产生

第九章 "一带一路"倡议下跨国公司的折算风险

的汇兑损失要记入财务费用——汇兑损益科目。[①] 由此可以看出，跨国公司的折算风险是一种计算意义上的风险，它对于企业的现金流量不会产生影响，并且由于折算风险而产生的损益也不能完全代表企业实际经营成果的好坏，它只是一种会计意义上的账面损益，但它又确实会影响跨国公司对外公布的财务报表上的数值，可能会造成公司的利润相对下降的经济后果，从而会影响股东对跨国公司实际经营情况的判断，并进一步影响跨国公司未来的筹资情况。因此，跨国公司有必要重视由于汇率波动而产生的折算风险的管理。

跨国公司只要是有用外币计量的海外子公司，其在期末将财务报表折算为本国货币时就存在折算风险，而其中产生的折算损益的计算方法为：外币记账的权益总额×（当前汇率－历史汇率）。这里外币记账的权益是指汇率变化导致汇兑损益的项目，这些项目的价值也称为折算风险暴露，因此折算损益的公式可以变为：折算损益＝折算风险暴露×（当前汇率－历史汇率）。折算风险暴露是指跨国公司财务报表受到汇率波动影响的部分的价值，这一公式可以适用任何折算方法。根据公式可以分析出，当跨国子公司存在净资产的折算风险暴露时，即外币资产超过了外币负债，如果本币相对于外币升值，就会产生汇兑损失，反之则会产生汇兑收益。相反，当跨国子公司存在净负债的折算风险暴露时，即外币资产少于外币负债，如果本币相对于外币升值，就会产生汇兑收益，而本币相对于外币贬值则会产生汇兑损失。

二 折算风险产生的原因分析

汇率不断波动导致交易发生日的即期汇率和资产负债表日的即期汇率不同是跨国公司折算风险产生的原因。跨国公司的海外子公司的财务报表需要使用子公司所在地的货币进行计量，而在年底编制合并

---

① 尹明：《外币折算新准则对会计核算实务影响的分析》，《中国外汇》2007年第1期。

"一带一路"与跨国公司金融管理

财务报表时，需要根据汇率价格折算为以人民币计价，汇率的不断变动导致海外交易发生日的即期汇率和资产负债表日的即期汇率不同，从而会产生与外币折算相关的汇兑损益，这就构成了跨国公司的折算风险。国内的会计准则规定折算时各个报表所采用的具体汇率为：资产负债表按照每年年末资产负债表日的即期汇率进行折算；所有者权益表中的科目均按照交易发生日的即期汇率进行折算，除了未分配利润科目采用倒推的方法进行计算；利润表则是按照交易发生日的即期汇率或近似汇率进行折算。

第二节 跨国公司面临的折算风险的种类

跨国公司折算风险的不同类别是在不同的外币折算方法的基础上确立的，具体的外币折算方法可以分为单一汇率法和多种汇率法两类，单一汇率法、流动与非流动法、货币性与非货币性项目法以及时态法四种。单一汇率法主要是以即期的汇率对财务报表中的各个项目进行折算，而多种汇率法是指对财务报表不同的项目采用不同的汇率分别进行折算。多种汇率法又可以进一步分为流动与非流动法、区分货币性与非货币性项目法以及时态法。[①]

由于不同的折算方法是对跨国公司财务报表的不同项目采用不同的汇率进行折算，因此可以推断，不同的折算方法下相应地会产生不同的折算风险。根据财务报表的几个类别，折算风险主要可以分为损益表（即利润表）的折算风险和资产负债表的折算风险。

一 单一汇率法下的折算风险

单一汇率法也被称为即期汇率法，具体的折算方法是对跨国公司外币财务报表中的所有资产和负债项目，在合并财务报表中都按照期

---

① 碧红：《浅析我国企业外币报表折算方法的选择问题》，《会计之友》2005年第9期。

第九章 "一带一路"倡议下跨国公司的折算风险

末资产负债表日的即期汇率进行折算，只有所有者权益表中的实收资本、资本公积等项目按交易发行日的即期汇率进行折算。会计报表折算中产生的差额，计入当期损益，即财务费用汇兑损益科目，并逐年累计。

可以看出，用单一汇率折算法对跨国公司的外币财务报表进行折算时，实际上是将跨国公司资产负债表中所有的资产和负债项目同乘以一个常数，因此只会改变资产负债表的表现形式，并不会改变其中各个资产和负债项目之间的比例关系。因此，单一汇率法能够保持跨国公司原来的外币财务报表的内部结构和各个资产负债项目之间的经济联系。单一汇率法的不足之处在于，统一用资产负债表日的即期汇率进行折算的同时意味着被折算的跨国公司外币报表的各个资产负债项目都承受着同样的汇率风险，但实际上企业资产和负债的各个项目所承受的汇率风险不是完全一样的，比如存货和固定资产、无形资产等都是以入账时的账面价值计量的，应该一直以账面价值计量，它们是不存在汇率风险的，而单一汇率法把这些项目均以资产负债表日的即期汇率进行折算，会改变这些资产的原价值。

在采用单一汇率法对跨国公司财务报表进行折算的情况下，资产负债表中的所有项目全部按照资产负债表日的即期汇率进行折算，而利润表中的所有科目均按照财务报表期间的平均汇率进行折算，平均汇率的计算一般为交易日汇率的加权平均或者是简单的算术平均。因此，利润表中的所有科目都存在因为汇率波动而导致交易发生日汇率和平均汇率不同而产生的折算风险；而资产负债表中净资产或净负债的差额，即总资产与总负债的差额构成了跨国公司财务报表的折算风险暴露[1]。如果跨国子公司财务报表的外币资产超过负债，即存在净资产，就会形成净资产的折算风险暴露，如果本币相对外币升值，就会产生汇兑损失，反之会产生汇兑收益。如果跨国子公司财务报表的

---

[1] 岳殿民、曹彦栋：《外币折算方法选择与折算风险浅探》，《财会月报》（下）2007年第4期。

外币资产少于外币负债，即存在净负债，就会形成净负债的折算风险暴露，此时如果本币相对外币升值，就会产生汇兑收益，而本币相对外币贬值则会产生汇兑损失。

二　流动与非流动法下的折算风险

流动与非流动法的具体折算方法是将跨国子公司财务报表中的资产负债表以一年期为标准将项目按照流动性划分为流动项目和非流动项目两类，并分别采用不同时间的汇率进行折算。对于流动资产和流动负债项目，均按照资产负债表日的即期汇率进行折算，而对非流动资产和非流动负债项目则按照历史汇率即交易发生日的即期汇率进行折算；所有者权益表中的实收资本、资本公积和留存收益等项目，按照交易发生日的汇率或近似汇率进行折算；利润表中的各项目，除了固定资产的折旧费用和无形资产的摊销费用按照交易发生资产实际取得日入账时的历史汇率折算外，其他的收入和费用、利得和损失等，各个项目均按照加权平均汇率或者是算数平均汇率等近似汇率进行折算。

由于流动与非流动法下跨国公司对一年期以内的流动资产和流动负债项目均采用资产负债表日的即期汇率进行折算，因此会有利于跨国公司对子公司的流动运营资金进行分析，但采用这种方法进行折算的不足之处在于，对财务报表的流动项目采用资产负债表日的即期汇率进行折算而对非流动项目采用交易发生日的即期汇率进行折算，这种折算方法缺乏足够的理论支持。比如说存货也是属于流动资产，如果对存货采用资产负债表日的即期汇率折算，就意味着存货与其他的流动资产项目一样，承担着汇率风险，但实际上存货是采用交易发生日的历史入账价值核算的，它不需要折算，也就不存在汇率变动引发的折算风险。再比如长期应收款、长期应付款和应付债券等项目属于非流动资产或负债项目，如果在本币相对于外币升值的情况下，债权人会有损失，而债务人相对会受益，若本币贬值则相反,如果按照流动与非流动法这些项目采用交易发生日的即期汇率进行折算的话,并不能反映出这些项目给债权人和债务人所带来的汇率风险。

在跨国公司采用流动与非流动法进行折算的情况下,利润表中固定资产的折旧费用和无形资产的摊销费用均按照对应资产历史入账时的即期汇率折算,因此并不会产生折算风险,而由于其他各个收入和费用、利得和损失科目均是按照会计期间的平均汇率进行折算的,都会因为汇率的变化而产生财务报表的折算风险。因资产负债表中流动资产与流动负债差额的存在而产生的净流动资产或净流动负债是产生折算风险的风险暴露。

三 货币性与非货币性项目法下的折算风险

货币性与非货币性项目法是将资产负债表中的各个项目划分为货币性项目和非货币性项目两类,对两类项目分别采用不同日期的汇率进行折算。国内会计政策将货币性项目定义为所持有的现金等货币以及未来可能以固定金额或者可以确定的金额收回的资产和负债,除此之外的,则属于非货币性项目。货币性与非货币性项目的折算方法的具体操作是:对货币性资产和负债采用资产负债表日的即期汇率进行折算,而对非货币性项目则统一按照交易发生日的即期汇率进行折算;所有者权益表中的项目同样采用交易发生日的即期汇率进行折算;利润表中各个项目折算的处理方法与流动和非流动法下的处理方法基本相同,即除固定资产的折旧费及无形资产的摊销费用按照资产交易日的即期汇率进行折算外,所有的收入和费用、利得和损失项目均以财务报表期间的平均汇率进行折算,期初存货和期末存货按各自交易发生日的即期汇率进行折算,存货的发出和购入均按照交易发生日的近似汇率即当期的平均汇率进行折算。

在货币性与非货币性项目法下,对货币性项目采用资产负债表日的即期汇率而非货币性项目采用其交易发生日的即期汇率进行折算,优点是能够比较准确地反映出汇率波动对各个项目产生的不同影响，体现货币性项目可能会承受折算风险的事实。不足之处在于，这种方法并不能顾及非货币性项目的计量基础，比如在非货币性项目采用现行即期市场价格进行计量的情况下，采用其交易发生日的汇率进行折算与即期市场价格的计量基础是矛盾的。

在采用货币性与非货币性项目法进行折算的情况下，利润表的折算和用流动与非流动法折算相似，因此其折算风险也与流动和非流动折算法下的折算风险基本相同。但是，由于期初存货和期末存货是按照交易发生日的即期汇率进行折算的，因此它们不存在折算风险，但本期购入的存货是按照会计期间的平均汇率进行计算的，因而存在折算风险。在资产负债表中因货币资产与货币负债差额的存在而产生的净货币资产或净货币负债是产生折算风险的风险暴露。

四 时态法下的折算风险

采用时态法折算的具体操作是：分别对资产负债表中的现金、应收账款和应付账款等项目按照资产负债表日的即期汇率进行折算，而对其他的资产和负债项目则根据该项目的性质选择适合于该项目计量基础的汇率，具体为，对于按照入账历史成本反映其价值的非货币性资产，比如固定资产和无形资产，采用交易发生日的即期汇率进行折算；对于按公允价值计量的非货币性资产，比如可出售的金融资产，则采用资产负债表日的即期汇率进行折算。对所有者权益表中除了未分配利润以外的其他项目均采用交易发生日的即期汇率进行折算，未分配利润项目则采用倒推的方法计算得出。对利润表中的固定资产的折旧费用和无形资产的摊销费用，采用跟相关资产一起使用交易发生日的即期汇率进行折算，其他各个科目均采用交易发生日的即期汇率或者财务报表期间的平均汇率即近似汇率进行折算。

时态法也被称为时间度量法，它是考虑到货币性与非货币性项目法的不足而提出来的，在时态法下，跨国公司的外币财务报表的折算是一种既定价值的重新表述，能够做到改变被折算项目的计量单位而不改变该项目的计量属性，即对财务报表中每个项目的折算只是对这些项目的计量单位即货币的名称做一个重新表述，而不会改变这些项目的实际价值。因此，采用时态法的优点是，对跨国公司外币财务报表进行折算时不会改变外币会计报表所反映的经济事实。

在采用时态法进行折算的情况下，利润表所面临的折算风险与货币性和非货币性项目法下的折算风险基本相同。而在资产负债表中，如果跨国子公司财务报表中的存货、固定资产、无形资产或者其他非货币性资产等项目是采用历史入账时的账面价值作为计价基础，后续采用历史成本进行计量，那么对这些资产进行折算时便不会产生折算风险，但如果不是采用历史成本进行后续计量就会存在折算风险。

第三节 影响"一带一路"倡议下中资跨国公司折算风险的因素

影响"一带一路"倡议下跨国公司外币折算风险的因素除了上面所具体分析的外币财务报表的折算方法外，海外子公司的所在国家使用的货币种类和会计政策以及海外子公司的经营规模也会给外币折算风险带来一定的影响。

一 外币财务报表的折算方法

外币财务报表在期末折算为本币时，四个折算方法下各个报表和科目都会采用不同时间的汇率进行折算，由于汇率的波动不同折算方法一定会产生不同的折算差额。会计准则规定将因汇率折算而产生的损益计入当期损益科目，列入利润表中的财务费用——汇兑损益科目。从上面的分析可以看出，不管采用何种折算方法，跨国公司会计报表中的相关科目所面临的汇率折算风险是客观存在的，只是其具体风险的大小有所不同,将折算后产生的差额统一计入当期损益科目,能够真实地反映企业所承受的汇率折算风险,让企业没有操控利润的可能。

二 海外子公司的所在地

跨国公司海外子公司的所在国家使用的货币和会计政策是影响中资跨国公司折算风险的重要因素,因为海外子公司的财务报表一般使用当地货币和当地的会计政策进行计量,当地货币兑人民币汇率的波动程度决定着汇率折算风险的大小,当地会计政策下对财务报表中各个科目所采用的计量基础会对具体折算中采用哪个时期的汇率进行折算产生影响。

"一带一路"沿线国家有两个明显的特点,第一,沿线国家众多并且多数为发展中国家,导致沿线国家具有币种多样但市场经济体制大多不健全的特点,大多数国家国内抵御金融风险的能力较弱,因此各个国家都会对自己的货币汇兑进行一定的管制来抵御金融风险,各国的货币受政策的影响不是完全可兑换的。第二,由于大多数沿线国家的金融市场是不完善的、对外依存度高,国际市场上的变动极易导致这些国家汇率的波动,因此"一带一路"沿线国家各个币种之间的汇率波动频繁且幅度较大。当中资跨国公司在"一带一路"沿线的多个国家都设立子公司时,就有可能会因为多重汇率波动而面临多重折算风险。另外,"一带一路"沿线国家的金融市场大多是不健全、不完善的,其可使用的金融工具不够丰富,此时一旦中国跨国公司遇到汇率波动引发折算风险的情况,可能无法找到合适的金融工具来规避风险,从而会增加汇率波动所造成的折算风险的损失。表9-1是"一带一路"部分沿线国家外汇风险情况的汇总,跨国子公司所在国家的汇率风险较大且短期波动较剧烈的话,相对而言,公司所面临的外汇折算风险也较高。

表9-1　　　　"一带一路"沿线部分国家外汇风险情况

风险类型	原因	代表国家
短期汇率风险加剧	汇率制度僵化	文莱、东帝汶、塔吉克斯坦、哈萨克斯坦
	经济增速大幅下降	白俄罗斯、阿塞拜疆
	经常账户大幅逆差	老挝、东帝汶、黎巴嫩、吉尔吉斯斯坦
长期汇率风险较大	外债比例高	塔吉克斯坦、蒙古国、白俄罗斯
	赤字率较高	文莱、埃及、沙特
	失业率较高	波黑、马其顿、塞尔维亚
	通胀率较高	缅甸、也门、埃及、捷克、白俄罗斯

资料来源：民生证券，《一带一路国家汇率汇报》。

三　海外子公司的经营规模

跨国公司海外子公司的经营规模也会对其所面临的外汇折算风险产生一定的影响。通常来说，经营规模较大的跨国公司所面临的外汇交易风险可能较小，但是对于汇率折算风险来说，海外子公司的经营规模越大其所面临的外汇折算风险就越高。因为当海外子公司的经营规模较大时，其财务报表中各个科目的基数也就越大，在进行折算时所产生的折算风险暴露也就越高，因此所产生的汇兑损益越大。因此，海外子公司经营规模越大的跨国公司受外汇折算风险的影响相对越高。

第四节　"一带一路"倡议下跨国公司折算风险的管理对策

跨国公司普遍会采用套期保值的方法来管理所面临的外汇折算风险，但是除了可以采用资产负债表保值法和远期合同套期保值法两种套期保值的方法规避外汇折算风险之外，跨国公司还可以通过调整现金等货币资产、未来可能以固定金额或者可以确定的金额收回的资产和负债资产的项目的方法，以及通过实现子公司的跨国多元化的方法来管理外汇折算风险。

"一带一路"与跨国公司金融管理

一 资产负债表保值法

跨国公司可以通过调整海外子公司财务报表的折算风险暴露资产和折算风险暴露负债的大小来达到降低外汇折算风险的目的，这就是资产负债表保值法。① 由折算风险大小的计算公式可以看出，跨国公司产生折算风险是由于海外子公司财务报表的净资产和净负债不相等，不能相互抵消造成的，因此通过调整处于不平衡状态的外币资产和负债项目，使折算风险暴露资产和折算风险暴露负债达到相对均衡的状态可以减少汇兑损失，这是资产负债表保值法的指导思想。比如，当海外子公司的财务报表所使用的货币相对于母公司所使用的人民币预期会升值时，可以通过增加暴露在外汇风险中的净资产即增加资产项目或减少负债项目的方法来规避外汇折算风险损失。相反，如果海外子公司财务报表所使用的货币预期会相对贬值时，则应该通过减少暴露在外汇风险中的净资产即减少资产项目或增加负债项目的方法来规避外汇折算风险损失。当折算风险暴露达到零时，折算风险也相对等于零，因此当风险暴露资产项目和风险暴露负债项目的总量达到平衡时，汇率波动会使风险暴露资产项目和风险暴露负债项目造成的汇兑损失的变动相互抵消。

跨国公司在使用资产负债表保值法来规避外汇折算风险的过程中应该考虑海外子公司财务报表所使用的折算方法以及所使用外币的类别和构成比例等因素。在具体的操作过程中，这种通过调节海外子公司资本结构的方法来规避汇率折算风险的可行性并不高，公司采取哪种资本结构取决于许多因素，优化资本结构的目的也不是规避外汇折算风险，而且采用资产负债表保值的方法本身会使企业的运营陷入矛盾。比如按照资产负债表保值法的思想，当海外子公司财务报表所使用的货币预期会贬值时，可以通过减少营运资本和减小生产规模等具

---

① 张兆国：《高级财务管理》，武汉大学出版社2002年版。

体操作，来相应地减少海外子公司的资产从而达到规避外汇折算风险的目的，但是矛盾的是，海外子公司所在国的货币贬值会使子公司生产的产品在国际市场上更具有竞争力，那么子公司应该通过增加营运资本和扩大生产规模来加大生产和出口，以获取更多的销售收入。公司必须要综合考虑某项措施可能带来的短期和长期效应，也要综合外汇风险中交易风险和经济风险问题，才能采取某项具体的措施。

二 远期合同套期保值法

如果财务报表中的项目存在风险暴露资产或者风险暴露负债，跨国公司可以通过创造多个具有能够抵消其效应的资产或负债项目来防范可能会产生的外汇折算风险，这就是远期合同套期保值法的具体操作。要使用远期合同套期保值法来达到规避外汇折算风险的目的就需要企业提前确定会计期间可能面临的折算风险的大小，从而进一步确定远期合同所需要的金额。因此，跨国公司只有在能够准确预测资产负债表日的即期汇率的前提下，才能够提前预测折算风险的大小，进一步确定远期合同的数额来抵消潜在的外汇折算风险，远期合同套期保值法才能够行得通。"一带一路"沿线国家实行的汇率政策各有不同，其中有27个国家实行的是自由浮动政策，而其余国家均有一定程度的汇率管制，因此，加强对海外子公司所在地使用的货币外汇政策的分析、加强对汇率预测的研究是跨国公司使用远期合同套期保值法来规避外汇折算风险的一项重要工作。

三 适时调整现金等货币资产项目

跨国公司可以根据实际情况，通过对现金以及其他货币性项目进行有针对性并且及时的调整来有效地管理现金流量制度，达到防范外汇折算风险的目的。[1] 因为在货币性与非货币性项目折算法和时态折

---

[1] 乔路：《人民币汇率变动与会计核算中的折算风险》，《会计之友》2011年第17期。

算法下，非货币性项目都是根据历史入账成本进行计量的，这些项目在进行合并报表时不会受到汇率波动的影响而有折算风险。比如说，如果跨国公司海外子公司持有的现金等货币资产、未来可能以固定金额或者可以确定的金额收回的资产和负债资产的项目较多，当其财务报表所使用的货币贬值时，可以通过减少这些货币资产项目的数量来适当增加其他非货币性资产项目的数量，以此有效地减少财务报表核算中的外汇折算风险。

四 努力实现跨国多元化

国内跨国公司可以在多个"一带一路"沿线国家设立相应的分支机构，以此来使用两种以上的货币进行计价，将人民币兑某一单独货币汇率波动的风险相应地转化为人民币兑多种货币汇率波动的风险，此种方法能够有效地分散外汇折算风险。但应该注意的是，这些分支机构在所在国家的货币种类、汇率政策、会计政策、基本国情等方面不一致的情况下才有可能真正地达到分散折算风险的目的。另外，跨国公司也能够相应地丰富自己的资产组合，多元化的筹资和投资能够创造多种不同的外汇收入，从而分散外汇折算风险。

第十章 "一带一路"倡议下跨国公司的政治风险

在推进"一带一路"过程中，难免遭遇不同因素带来的风险，沿线的发展中国家普遍存在着法律体系不完善、政局不稳定、大国关系紧张等问题。此外，一些国家与中国还存在着地缘政治冲突。因此，探讨"一带一路"倡议下跨国公司的政治风险对中国开展"一带一路"有着关键的借鉴意义。"一带一路"的顺利推进与"一带一路"沿线国家的国内政局发展密切相关。由于"一带一路"沿线国家大多为发展中国家，因此它们受到国际环境影响的程度较大，对内面临领导人交接、民主政治转型、民族冲突等多重矛盾，目前，"一带一路"沿线国家的政治风险已经成为中国企业走出去的最大风险。因此，研究"一带一路"沿线国家的政治风险已经成为当前中国国际问题研究的主要任务之一。

第一节 "一带一路"倡议下跨国公司政治风险的含义及产生原因

跨国投资中的政治风险，同样也被称为国家风险，传统意义上的政治风险主要是指在国际经济活动中，由东道国政府控制的事件或者部分社会事件导致投资者利益受损。随着"一带一路"倡议的提出，中国在对沿线国家投资的过程中面临的政治风险不可忽视。因此，在

"一带一路"与跨国公司金融管理

"一带一路"倡议下的大背景下,政治风险被赋予新的含义。"一带一路"倡议下政治风险主要指中国在规划和实施"一带一路"项目的进程中不可避免地受到沿线国家政府政策变化、战争战乱以及与其他大国竞争对抗影响,从而投资风险增大或者投资利益受损。尽管"政治风险"经常出现在经济商业类的文献之中,但关于它的含义主要是指不必要的政治活动带来的负面效果,通常表现为政府对商业运作的干涉[①]。研究政治风险时,要明确区分政治不稳定和政治风险的含义。其中,政治不稳定指的是社会的政治系统没有保持动态的有序性和连续性,具体来说是一个国家发生全局性的政治动荡和社会骚乱,政权发生突发性的改变,公民使用非法手段参与政治或者夺取权力,政府采用暴力或者强制手段来压制公民的政治行为,社会秩序混乱。也就是说,政治不稳定是指社会矛盾和社会冲突暴露在无秩序的社会环境中。而政治风险的含义如前文所述,一般是由于东道国的政治行为给投资国企业带来风险,这种政治行为对东道国本国来说有好有坏,但对投资国来说会造成利益受损。

虽然我们可以区分事件是经济环境造成的还是政治环境造成的,但是对于宏观风险和政治风险的不同,也要加以区分。因此对于"一带一路"倡议下跨国公司政治风险产生的原因本章做了以下深层阐述。

一 全球性原因:大国关系复杂、第三国政治干预

国际关系是当前社会的研究热点,尤其是大国关系。中国作为最大的发展中国家,与西方发达国家的关系也会影响"一带一路"沿线的发展中国家。当前大国关系复杂,以美国为首的西方发达国家占据全球绝大部分财富和资源,而人口众多的发展中国家却拥有极少的财富和资源。一些弱小的发展中国家依附于某一大国,大国关系紧张

---

① 相关观点,可参见 Kobrin, S. J., "Political Risk, A Review and Reconsideration," *Journal of International Business Studies*, Vol. 10, 1979.

会引发其身后小国的政治风险。除此以外，第三国政治干预也会引发政治风险。中国作为一个综合国力迅速增长的新兴大国，自从提出"一带一路"倡议以来，就受到了以美国为代表的西方大国势力的质疑和干预。第三国干预风险增加的原因如下：

1. 油气资源在中国推进产能合作进程中占据着重要的地位，而"一带一路"沿线一些国家如沙特、伊拉克和伊朗拥有丰富的油气资源，因此，中国与它们合作在一定程度上会侵犯到大国利益。并且国际性的大型油气开发会和政治纠缠在一起，因此中国海外能源开采项目也不可避免地在国际政治斗争下进行。

2. 美国地缘政治战略是围绕控制五大棋手（法、德、俄、中、印）和五个地缘政治支轴国家（乌克兰、阿塞拜疆、韩国、土耳其、伊朗）而展开的，从这里可以看出，美国的战略和中国提出的"一带一路"倡议中的丝绸之路经济带覆盖的地区是高度重合的。因此，我们在推进"一带一路"沿线国家合作时，会受到以美国为首的西方国家势力的干预。

二 地区性原因：政局不稳定，沿线地区局势动荡

"一带一路"沿线国家大多数存在领土纠纷，导致战乱不断，社会不稳定。东南亚国家局部地区存在社会不稳定、政权交替频繁的问题，国家受这些因素影响对未来发展没有明确的规划，中国进行跨国投资时会面临很大的不确定性。比如南亚地区是世界上风险较高的地区之一，由于历史原因，恐怖主义和分裂势力严重威胁着南亚地区的安全。南亚地区国家之间也因为领土、宗教和种族等问题而经常发生纠纷。西亚地区包括叙利亚、伊拉克等都常年处于战乱之中，局势长期动荡。叙利亚是西亚地区的焦点国家，政府和西方国家支持的反政府武装军之间的冲突在短时间内是不能缓和的；伊拉克受到三个派别的政治势力的控制，这三派政治势力存在严重分歧，主要是因为宗教信仰不同而产生分歧，这些矛盾和分歧甚至导致恐怖袭击，这些都会

诱发极高的政治风险；伊朗虽然目前状况稳定，但是其核问题的解决仍然需要很长时间，并且在西方国家的经济制裁下，国内的经济形势和政治形势都不容乐观。在恐怖主义、宗教问题等因素影响下，"一带一路"沿线发展中国家普遍存在政局不稳定的问题，这些都会增加跨国投资中的政治风险。

三 东道国原因：政府治理能力较差，法律体系不完善

"一带一路"沿线国家，经济大多处在发展中阶段，但自然资源异常丰富，不少是"资源诅咒"国，这些国家虽然拥有丰富的资源，但是经济增长缓慢，社会不稳定，民族冲突激烈，比如中亚地区的乌兹别克斯坦，南亚地区的巴基斯坦和阿富汗，东南亚地区的缅甸，西亚地区的伊拉克、叙利亚等。

东道国政府的不作为，法律体系的不完善导致法律风险较高，是大部分沿线国家政治风险高的主要原因。

一是政府治理能力较差。"一带一路"沿线国家治理的总体水平相对较弱，平均治理水平为44.18分，比世界平均水平低5.82分，并且还不到发达国家治理水平的一半。比如北美地区的治理指数得分为87.51分，优于沿线"一带一路"国家。相比发达国家，"一带一路"沿线国家的政府稳定和腐败控制都远远不及一半的水平。按照治理水平划分有39个经济体治理水平较差，治理指数均小于50。其中有13个经济体治理水平指数低于25，说明这类国家常年受到政局动荡、恐怖主义的威胁，政府治理水平极差，因此存在较高的政治风险，而这些国家中的代表有"一带一路"沿线的叙利亚和伊拉克。全球治理指数显示"一带一路"沿线国家治理水平总体较低，从六大区域来看，中东欧19国的治理水平相对较高，中亚5国治理水平较低，除此以外的其他区域表现比较一般。WGI数据显示[1]，大部分

---

[1] 根据2016年全球治理指数（WGI）数据总结（得分为0—100分，分数越高说明治理水平越高）。

的国家腐败严重，测度国家腐败程度的是全球清廉指数，一般将CPI称作"清廉指数"。根据统计数据，我们可以发现"一带一路"沿线41个国家的清廉指数普遍较低，比世界平均指数（43分）低了15%左右，说明这些国家的腐败问题比全世界平均水平更为严重。中亚地区的清廉指数平均得分为22.8分，远远低于全球平均水平；中东地区平均得分为39分，其中一些得分很低的国家比如苏丹，中国近几年对其投资有所增加；南亚地区中，4个样本国家平均得分为29分，比世界平均水平低14分；东盟十国中，除却新加坡、文莱、马来西亚外，其余7个国家的清廉指数均低于40分，整体低于全球平均值以及亚太地区的均值。东盟十国差距悬殊，得分最高的新加坡清廉程度位列全球第七，而得分最低的老挝、缅甸、柬埔寨在全球垫底。

二是法律风险高。产生法律风险的原因主要有：（1）因投资产生的法律风险。"一带一路"沿线国家在劳动力、土地、财政等方面的法律法规不健全。宗教分歧、民族分裂势力矛盾深化，以及恐怖主义、分裂主义和极端主义滋生蔓延；"一带一路"沿线国家的对外开放程度、法治状况和市场化水平差异大，这些都是产生法律风险的原因。一些国家的法律会根据意识形态、国家利益、安全等方面的考虑，对合资企业中的外国资本的投资范围以及持股比例有许多限制。一些国家的法律可能出于反垄断和维护本国企业利益的需要，对投资国企业提出比较严格的要求，这样一来会增加中国跨国投资的难度。（2）因市场规则产生的法律风险。市场规则的目的在于促进市场合理竞争和适度保护投资者。在"一带一路"建设中，一些东道国出于保护本国企业经济利益的目的，会设置比较严格的法律和市场准入门槛，以此来增加国外投资企业进入本国市场的难度。（3）由于知识产权不明而造成的法律风险，知识产权作为一种优势资源要素在国家的先进领域有着不可忽视的地位。"一带一路"倡议进程中的投资行为可能会引起侵犯知识产权的问题。如果东道国和投资国双方对知识产权保护考虑不周，则很容易造成知识产权资源的外流，对双方企业都会造成不利影响，引起纠纷。回顾过去几年中国对外投资贸易进程，有许多案例都是企业因为不熟悉知识产权国际保护规则，不懂得如何维护自身的利益，所以投资失败，利益受损。

四 国际背景：国际秩序尚未建立，世界处于转型阶段

新的国际秩序尚未建立，各国遵循的仍然是存在缺陷的旧国际秩序下的规范。在国际秩序建立过程中，各国的制度体系会产生矛盾，确切地说是以社会主义为核心的制度体系和以资本主义为核心的制度体系之间存在较量。"一带一路"沿线国家的制度体系也分为这两派。因此，各国之间不断地产生制度摩擦，为的是建立起符合更多国家国情和推动广大国家发展的新国际秩序。在这一过程中，各国制度体系差异会带来相关的政治风险。以中国为例，在参与现有国际秩序的过程中，由于中国自身实力不断增强和国际地位不断提高，与现有的国际秩序冲突矛盾越来越凸显。中国尚且如此，更有广大发展中国家急需新的国际秩序来匹配其不断增强的国际实力。进入21世纪后，国际政治最大的变化就是中国持续崛起。随着中国国家综合实力和国际影响力不断上升，中国和世界的关系进入一个新的转型阶段。世界在转型过程中，各国为争取国际大环境中的有利位置，不可避免地与其他国家产生利益冲突，尤其是大国之间，互相争夺的资源和权力覆盖面广，因此大国博弈日益激烈，美国亚太战略调整、朝鲜半岛核试验等国际问题都会给中国进行"一带一路"跨国投资带来政治风险。

第二节 跨国公司政治风险的主要表现形式

一 六大经济走廊地缘政治风险表现形式分析

(一) 中蒙俄经济走廊

这条经济走廊的路线为辽宁—吉林—黑龙江—满洲里—俄罗斯，华北—蒙古国—俄罗斯。在这条经济走廊上，俄罗斯的经济地理意义

· 144 ·

非常重要，因此首先要考虑俄罗斯的地缘政治风险。俄罗斯总统普京近十年外交的重中之重就是对后苏联空间进行整合，以白俄罗斯和哈萨克斯坦为主要合作对象，组建关税同盟和共同的经济空间。从俄罗斯的初步构想来看，它是要构建"大欧亚伙伴关系"，这本质上是俄罗斯欧亚战略思想的延续和现实表达，不仅在于应对西方某些大国的制裁和挑战，而且要走出目前欧亚经济联盟所面临的发展困境。对于中国的"一带一路"倡议来说，两者都是为了推动地区的发展，但是俄罗斯在推行其战略的过程中，难免会与中国的"一带一路"倡议有冲突。大欧亚伙伴关系的重要内容和核心部分是中俄两大国之间的合作与交流。丝绸之路经济带与大欧亚伙伴关系的对接进展比较困难，如果对接不成功会给两国都带来地缘政治风险，因此，两国的对接需要在相关原则、范围、路径等问题上进行深入探讨。在蒙古国，政商勾结，信誉腐败，司法效率低下，扒窃和抢劫等涉及钱财的犯罪事件频发，社会治安差。

（二）新亚欧大陆桥经济走廊

这条经济走廊路线主要是从东西方向贯穿中国，从山东到新疆，再到欧洲。新亚欧大陆桥经济走廊与中国古代丝绸之路重合较多，由于该走廊涉及30多个国家和地区，因此，沿线国家的风险也是不可忽视的。比如哈萨克斯坦，主要的政治风险来源于其严重的街头犯罪，这对经济和政治的稳定都会产生负面影响；白俄罗斯法律保护不足，监管环境不透明、拥有庞大的官僚机构，并且信息传输不安全、犯罪集团经常向企业勒索财物；乌克兰国家法院系统腐败、低效且不负责任，对于跨国公司来说投资没有法律保障，并且受战乱影响，社会不稳定；阿塞拜疆国家官僚主义、腐败风气严重并且同样缺乏足够的法律保障，有组织的小型犯罪仍是对外企最直接的威胁。

（三）中国—中亚—西亚经济走廊

该走廊沿线拥有丰富的能源储备，其中哈萨克斯坦的铁矿探明储量排世界第三位，乌兹别克斯坦的天然气、黄金以及铀矿也排名前列。此外，中国原油前五大供应商中沙特、伊拉克、伊朗分别占了一席之地。吉尔吉斯斯坦政权更迭频繁，执法不严，对外来投资有偏见，政府和企业有腐败现象并且辅助性政策持续性差，存在民族冲突、边境冲突以及伊斯兰教极端分子破坏社会秩序等问题。土耳其政府经常会陷入政治危机，腐败以及裙带关系问题严重，当地的政府官员滥用职权；本土极端组织多样，群众抗议行为经常转为暴力行为。阿富汗政府执政无力，腐败问题同样也很严重，民间相关的金融经济机构不发达，毒品泛滥，法院监管能力有限，官僚主义惰性严重；国家首都、南部和东部社会不稳定，治安较差，激进组织经常发动袭击，甚至还有大量的街头犯罪影响社会稳定。伊拉克中央政府较为特殊，正处于转型期，投资风险很高并且受到政治停滞影响，并且可能会受极端组织"伊斯兰国"的暴力袭击，在"一带一路"沿线国家中地缘政治风险相对较高。中东国家大多受伊斯兰教的影响，比如科威特、黎巴嫩等，宗教冲突是造成其社会治安差，社会不稳定的重要原因，因此这些受宗教影响的国家地缘政治风险也很高。

（四）中国—中南半岛经济走廊

该走廊与中国—东盟自贸区、两广经济圈以及中南半岛的国家联系紧密，中国—中南半岛经济走廊建设以"五通"为重要内容，重点建设交通基础设施，通过加强该走廊铁路、公路、水运航道等通道以及泛亚铁路东线建设，增强货运和客运的便利度。该经济走廊沿线国家包括东盟十国以及东帝汶。越南交通电力落后，无法满足需求，监管体制落后，监管不力，整个市场通货膨胀率高，官僚主义盛行；边境盗窃和走私频繁，对中国投资公司有暴力冲击。老挝官僚主义盛行，政府还会干预司法，腐败普遍，税收体制漏洞大；社会上盗窃问题严重以及毒品犯罪率较高。泰国存在官员贪污、诈骗和腐败等问题；南部暴乱现象严重，时而伴有恐怖袭击。马来西亚同样腐败和官僚主义盛行，在吉隆坡及其周边地区犯罪率较高，中小型的中国企业会受到帮派勒索。印尼法律服务费用高，对华人有用工歧视，会有伊斯兰极端分子扰乱社会秩序。

（五）中巴经济走廊

该经济走廊全长 3000 公里，自中国西北部新疆喀什地区延展至印度洋出海口瓜达尔港。北部与"丝绸之路经济带"相连，南部连接"21 世纪海上丝绸之路"，是贯通南北丝路的枢纽。中巴经济走廊沿线国家主要有巴基斯坦，巴基斯坦政局较不稳定，国内组织间冲突很有可能会恶化，导致政府局势不稳定，并且军事分裂分子、伊斯兰极端组织给外国公司和人员带来严重安全威胁。巴基斯坦与印度毗邻，两国长期的政治冲突和领土冲突也会带来相应风险。

（六）孟中印缅经济走廊

该经济走廊联系孟中印缅四国的主要方式是通过吸收中国的投资进行基础设施建设以及推动经济发展。印度主要存在腐败问题，规章制度烦琐复杂、模糊不清；经常会出现公共暴力事件以及宗派种姓冲突，还饱受分裂主义带来的困扰。孟加拉国经常出现暴力罢工，还伴随着宗教冲突。缅甸法律体系落后、银行业发展缓慢，贪污流行，并且有小规模、独立的爆炸事件在仰光、曼德勒和首都内比都发生。

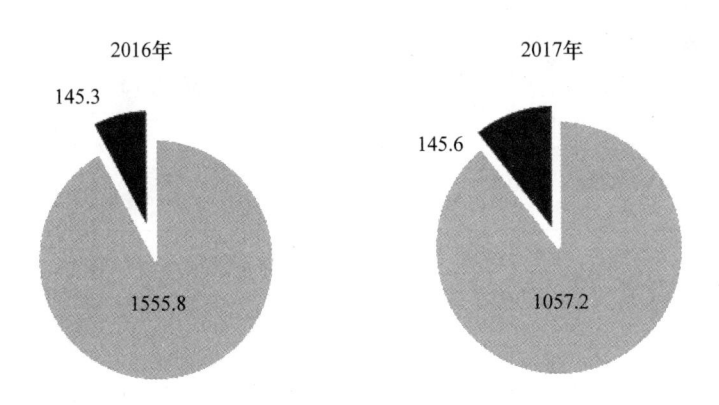

2016年 145.3 1555.8
2017年 145.6 1057.2

■ 中国对"一带一路"沿线国家的非金融类直接投资
  中国对其他经济体的非金融类直接投资

图 10-1　中国对"一带一路"沿线国家投资额比较（单位：亿美元）

表 10-1　　　　　　　　　六大经济走廊解析

名称	线路	政治风险表现形式	相关协议	主要投资领域
中蒙俄经济走廊	1. 从华北京津冀到呼和浩特，再到蒙古国和俄罗斯 2. 东北地区从大连、沈阳、长春、哈尔滨到满洲里和俄罗斯的赤塔	俄罗斯的地缘政治风险；"一带一路"倡议与俄罗斯欧亚战略冲突；蒙古国政治腐败	《中俄蒙发展三方合作中期路线图》《关于编制建设中蒙俄经济走廊规划纲要的谅解备忘录》《关于创建便利条件促进中俄蒙三国贸易发展的合作框架协定》《关于中俄蒙边境口岸发展领域合作的框架协定》《建设中蒙俄经济走廊规划纲要》和《中华人民共和国海关总署、蒙古国海关与税务总局和俄罗斯联邦海关署关于特定商品海关监管结果互认的协定》等	交通基础设施发展及互联互通、口岸建设和海关、产能与投资合作、经贸合作、人文交流合作、生态环保合作、地方及边境地区合作
新亚欧大陆桥经济走廊	1. 国际是从江苏省连云港市到荷兰鹿特丹港的铁路交通干线 2. 国内由陇海铁路和兰新铁路组成	哈萨克斯坦街头犯罪率高；白俄罗斯官僚主义盛行；乌克兰国家法院系统腐败	与共建丝绸之路经济带相关的双边合作协议	建设国际经济贸易合作区、开发区和保税区
中国—中亚—西亚经济走廊	东起中国，向西经中亚至阿拉伯半岛	政权更迭、官僚主义、政府腐败	与共建丝绸之路经济带相关的双边合作协议	以能源合作为主，以基础设施建设、贸易和投资便利化为辅，以核能、航天卫星、新能源三大高新领域为突破口

第十章 "一带一路"倡议下跨国公司的政治风险

续表

名称	线路	政治风险表现形式	相关协议	主要投资领域
中国—中南半岛经济走廊	中国—中南半岛经济走廊，贯穿东盟国家	越南、老挝、马来西亚官僚主义盛行，政府干预司法；泰国政府官员腐败；印尼宗教问题带来恐怖袭击	《中国—中南半岛经济走廊倡议书》等	以交通基础设施建设为主
中巴经济走廊	中国与巴基斯坦的连接	伊斯兰极端势力和分裂势力；巴基斯坦政府治理能力较弱	《中国国家铁路局和巴基斯坦铁道部之间关于ML1升级和巴基斯塔铁路赫韦利杨干散货中心的联合可行性研究的框架协议》《拉合尔轨道交通橙线项目商业合同》《喀喇昆仑公路（KKH）升级工程第二期（赫韦利杨至塔科特）、卡拉奇至拉合尔高速公路（KLM）、瓜达尔港东湾高速公路以及瓜达尔国际机场项目的谅解备忘录》等	高速公路、铁路建设，燃煤电站、核电站、水电站
孟中印缅经济走廊	连接印度、孟加拉国、缅甸三国	印度存在种姓宗教斗争；孟加拉国和印度存在领土纷争；缅甸体制落后，派系数量巨多	孟中印缅经济走廊联合工作组第一次会议签署了孟中印缅经济走廊联合研究计划；第十二次孟中印缅合作论坛发表孟中印缅地区合作论坛应继续作为一个多轨平台发挥作用的联合声明	以工业园和油气管道建设为主

· 149 ·

二 "一带一路"沿线国家政府违约与投资政策发生变化的风险在增加

总体来看,"一带一路"沿线国家大多为发展中国家,经济正处于起步阶段,整体的经济基础较为薄弱,经济结构单一,经济稳定性差;相比较而言,发达国家的投资风险明显低于发展中国家。图10-1显示,2017年中国企业对"一带一路"沿线的59个国家非金融类直接投资143.6亿美元,同比下降约1.2%,约占同期总额的12%,较上年提升了3.5个百分点,主要投向新加坡、马来西亚、老挝、印度尼西亚、巴基斯坦、越南、俄罗斯、阿联酋和柬埔寨等国家[①]。因此,中国在进行"一带一路"跨国投资时,要更加注重和防范沿线国家政府违约和投资风险的发生。

我们可以从评级结果[②]入手,按地区评价沿线国家的投资风险。东盟地区的新加坡2016年评级为AA,2017年评级为A,从评级结果看,低风险国家仅有新加坡一国,高风险评级(BBB等级)有马来西亚、印度尼西亚、老挝、菲律宾、泰国、越南、缅甸。因此我们可以得出东盟地区大部分国家投资风险都较高的结论。中东欧地区大多为发达国家,比如匈牙利、捷克、罗马尼亚、波兰等,2017年评级都为A,但是仍然有投资风险较高的国家,比如保加利亚、希腊、土耳其,2016年三个国家的评级都为高风险评级(BBB等级),因此,中东欧大部分地区虽然投资风险较低,但是作为沿线主要地区,也有部分国家投资评级低,风险较高。西亚和中亚地区中,大多为油气资源丰富的地区,除以色列的投资评级为A,其他国家的投资评级都在BB等级之下。其中沙特阿拉伯和哈萨克斯坦2016年投资评级为A,但是到2017年投资评级快速下降至BBB等级,成为高风险评级国家。独联体地区中俄罗斯的投资评级在BBB等级,属于高风险评级;

---

① 资料来源:"走出去"公共服务平台、中华人民共和国商务部。
② 数据来源:《2017年度中国海外投资国家风险评级报告》。

白俄罗斯和乌克兰的投资评级在 BB 等级，因此，独联体地区的投资风险也都较高。

三 "一带一路"沿线国家地缘政治风险显著增加

沿线国家和地区无论从政治体制、经济水平和治理能力方面都存在着较大的差异，尤其是欧亚大陆，这种差异性和复杂性更为突出。而这些差异可以归结为地缘政治风险，主要是由政局不稳定带来的政治风险，极端宗教势力和恐怖主义带来的政治风险以及国际秩序变动引起大国关系紧张的政治风险。"一带一路"沿线各国政府治理能力都较弱，局部国家经常遭遇政权频繁更迭等问题，这使得社会动荡不安，安全环境极为恶劣，政府在社会治理上耗费大量物力财力，以至于该类国家的基础设施建设都较落后。恐怖主义、极端宗教主义以及民族分裂势力不断影响"一带一路"的稳定性。在中亚地区，由于宗教教派纷争，会引发暴乱以及恐怖袭击，严重可能会爆发小规模战争，极度影响一个地区或者国家的稳定性。国际秩序变动会触犯某些大国的大国利益，因此会引发大国关系紧张而产生的政治风险。比如除中国以外，美国、日本、俄罗斯等都提出类似"一带一路"倡议的"新丝绸之路"计划，从政治和经济利益角度出发，尽可能地为本国在国际上争取到更多的利益。

第三节 跨国公司政治风险的应对机制

一 防范地缘政治风险

"一带一路"建设所面临的地缘政治风险呈现出多样化、复杂化的特性。从多样化的角度看，既包括地区或者国际政治局势，又包括一些非国家主体或者国际组织的影响，并且还伴有第三国势力的干扰；从复杂化角度看，主要是因为"一带一路"建设中沿线国家繁多，各国的意识形态以及社会特性都是不一样的，覆盖面广，在应对风险时难度较大。因此，可以从以下几个方面入手，防范地缘政治风险。

首先要做好双边国家政策沟通以及战略的对接工作。"一带一路"建设不是中国单方面的投资与引导，更是要各相关国家的支持与配合。虽然是中国发起并且推进的，但是也需要各国积极参与才能取得成效，并且各国共同享用成果。"一带一路"沿线涉及的主体繁多，做好政策沟通可以打消沿线主体的担忧和顾虑，汇聚各个主体的力量。也就是说，当下需要将"一带一路"建设与沿线国家的对外战略结合起来，实现优良的战略对接能够帮助"一带一路"建设减少障碍。

其次是要建立健全安全保险防范机制，有效打击恐怖主义、极端宗教主义和民族分裂势力。"一带一路"沿线国家大多受到民族分裂势力、恐怖组织以及战乱的威胁和影响，这些情况主要集中在中亚、南亚地区，这些因素也成为"一带一路"建设中的重要风险因素。因此，中国应当加强和中亚、南亚等地区的国家在安全领域的合作，在现有安全体制的基础上，进一步提升安全防范机制，利用国际安全组织，打击恐怖主义、分裂势力以及极端主义。除此以外，中国还可以与一些国家开展情报共享等促进双方国家安全的活动。同时，中国应当充分利用现有安全机制，比如"上合组织"。

最后是要突出关注"一带一路"建设的包容性和非战略性。首先，"一带一路"建设并不是外向型的地缘政治战略，而是促进中国西部地区以及边境地区的发展并且扩大至欧亚大陆内陆地区甚至到欧洲地区的伟大愿景。因此，单方面的维护本国利益是不能促进本国发展的，中西部地区通过与欧亚大陆内陆的开放和扩展，可以加强与中亚、南亚甚至欧洲地区的贸易、经济、技术等方面的合作。突出中国的"一带一路"倡议是非战略性的，通过对沿线国家的投资，帮助其建设基础设施，降低沿线国家的戒备思想，有效达到合作共赢。

二 防范政府违约与投资政策变化风险

政府的违约风险虽然识别难度大，但是中国企业可以提前做好风险评估、经营中的持续管控和风险发生后如何减少损失。因此，可以从几方面进行风险防控。

首先要深入分析东道国的投资环境。在选择东道国进行投资前，中国企业应当全面了解东道国的政治制度、政策、经济状况、意识形态、社会秩序、政局是否稳定以及宗教状况等。同时，可以参考该国的风险信用报告，评估东道国的国家信用和投资风险等。除此以外，中国企业还应当在投资前去东道国进行实地考察，以便了解东道国政府的利益关切，掌握东道国政府部分的角色分配，从而为投资和风险防控做准备。

其次可以购买海外投资保险用来应对政府违约风险。为降低风险发生后造成的损失，中国企业可以寻找多边投资担保机构或者国家政策支持的信用保险公司等进行保险购买，这是目前应对海外投资政治风险最有效的措施之一。

最后，在遭遇政府违约风险后，投资者应该积极与东道国政府协商解决措施，解决争端是应对政府违约行为最为有效的方式。

三 防范第三国干预风险

由于"一带一路"沿线较多国家拥有丰富资源，因此不可避免地成为大国争斗的地区。而中国在与这些国家进行合作时，也会受到来自第三国干预的问题。因此中国在大国斗争的漩涡中，必须做好充分的事前防范和事中应对工作。事前防范就是对东道国作完整的风险评估分析，避免投资风险较高的国家或地区。事中应对即产生第三国干预风险时，通过推动"大周边"外交，为我国周边提供一个稳定和安全的环境，避免发生侵害我国利益的事情。"一带一路"沿线国家与我国"大周边"外交涉及地区基本一致。通过加强双边经贸往来，增强我国对周边国家和地区的影响力,消除周边国家和地区对中国国力迅速崛起的恐惧和担忧,为我国建设和谐稳定的周边环境,强化依托周边战略。对周边国家和地区宣传中国永远不称霸、"睦邻、安邻、富邻"的政策,破解"中国威胁论",增进相关国家对我国基本国情、价值观念、发展道路、内外政策的了解认知,展现我国包容以及开放的大国形象。

第十一章 "一带一路"倡议下跨国公司的技术风险

本章旨在研究"一带一路"框架下跨国公司技术风险相关问题。首先，基于跨国公司环境，分析跨国公司技术风险的相关概念，厘清技术风险传导产生的源头——风险源。进而，从风险动态视角研究跨国公司技术风险传导的基本要素和过程，即技术风险如何由静态转为动态传导？技术风险传导的载体是什么？技术风险通过何种路径传导？最后产生的技术风险损失具有哪些效应？从而揭示技术风险传导的一般机理和相关路径，有助于跨国公司从源头、路径上控制技术风险传导，提高跨国公司针对技术风险的管理策略，科学有效地防范技术风险，增强跨国公司自身对风险的防范和控制能力。

第一节 "一带一路"倡议下跨国公司的技术风险概述

进入21世纪以来，世界各国快速发展，尤其是发达国家科技突飞猛进，大数据、互联网等信息技术的发展使得经济社会逐步与信息化结合。当前，科技的进步也使得人们逐渐认识到掌握核心技术所带来的社会变革，跨国公司长期拥有的核心关键技术是其在国外屹立发展的源泉动力，对于提升跨国公司的竞争力具有重要意义。随着技术的进步，跨国公司当前战略管理正悄然转变，逐步由传统的利润导向型和市场导向型向技术导向型转化，跨国公司的目标选择也逐步从针

"一带一路"与跨国公司金融管理

技术风险传导产生的源头——风险源

- 技术环境
- 人员环境
- 资金环境

→ 技术风险

- 技术风险
- 管理风险
- 财务风险

← 风险事件

→ 风险流

风险事件触发风险源形成风险流 / 风险事件发生风险形成风险流

技术风险传导产生的导火索——风险阈值的突变

- 风险能量的聚集突破风险阈值，超过跨国对风险的控制调节能力
- 跨国内部和外部因素造成风险阈值的降低

静态的风险开始进行动态传导

技术风险传导产生的介质——风险传导载体

- 载体：信息、资金、人员、技术
- 载体特征：中介性、承载性、传导性、客观性

载体承载着风险要素，是风险要素相互联系、相互作用的"媒介"

技术风险传导的路径——内外部利益链

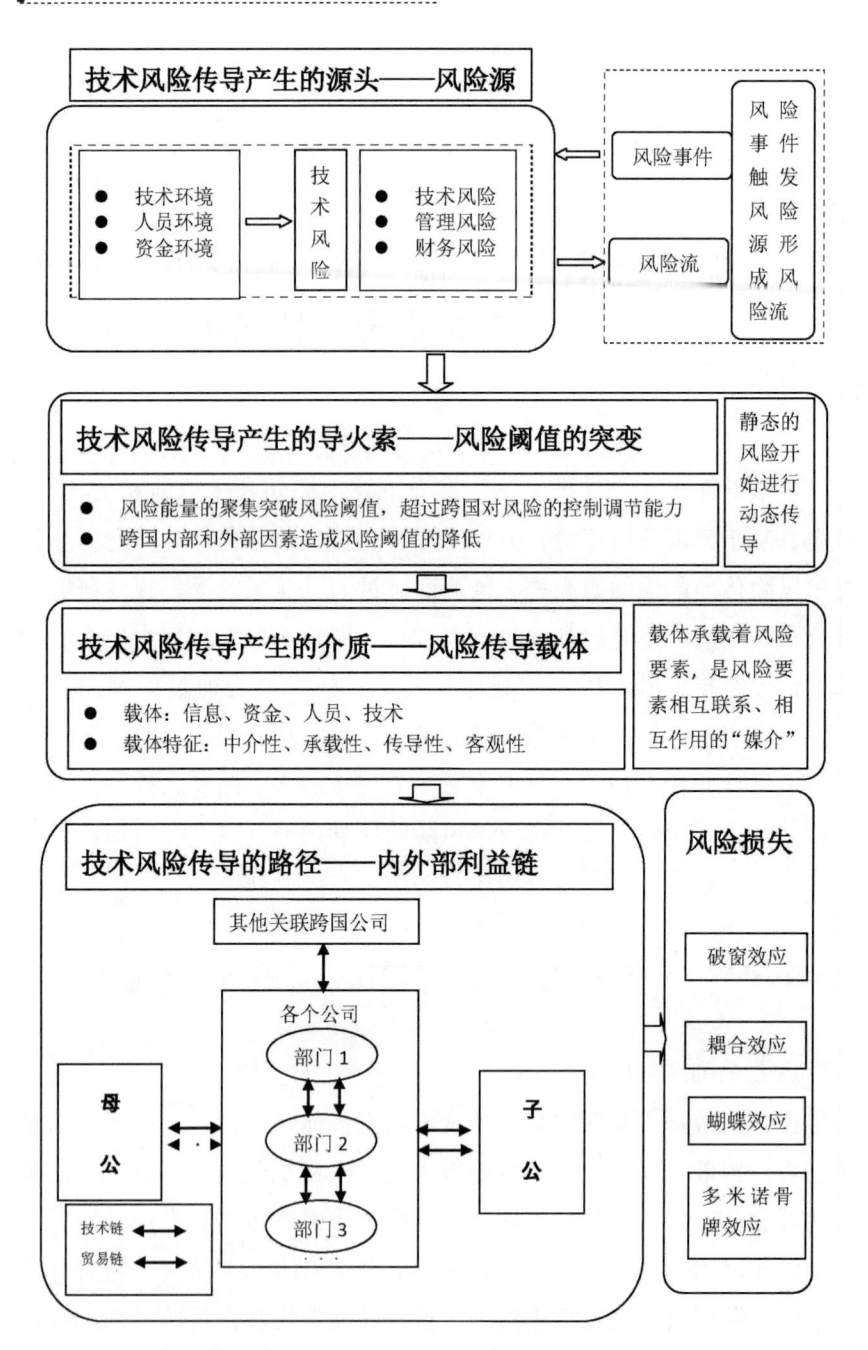

其他关联跨国公司 ↕

各个公司
- 部门1
- 部门2
- 部门3

母公司 ↔ ... ↔ 各个公司 ↔ 子公司

技术链 ↔
贸易链 ↔

风险损失

- 破窗效应
- 耦合效应
- 蝴蝶效应
- 多米诺骨牌效应

图 11-1 技术风险相关框架

第十一章 "一带一路"倡议下跨国公司的技术风险

对海外市场的控制转向对技术发展的控制,现如今控制技术风险是跨国公司风险管理的第一要义。因此,当前跨国公司在海外经营凭借专业核心技术,使得产品差异化与多样化并存,从而获得更大的经营利润和发展空间。

一 跨国公司技术风险的内涵以及特点

当前,随着全球化的进程不断加快,跨国公司技术创新活动也快速增加,国际性以及区域化的技术合作使得传统生产要素——劳动和资本通过新的科学技术在国际性市场上流动。由于跨国公司的科学技术是与相应的生产要素——劳动力,以及生产资料等息息相关、密不可分的,因此跨国公司的技术风险传导以相应的要素流动为主要载体。一方面技术的进步带来公司产品的多样化、高端化以及质量、生产效率的提升等;另一方面技术带来的风险具有复杂性、多样性以及模糊性等特点。如何增强跨国公司之间的相关合作,提升技术风险的防范能力?与其单个跨国公司孤军作战,不如与竞争对手进行强强联合,保证自己核心技术的同时与竞争对手形成风险共同承担、经济利润收益共同分享的方针策略,加大技术风险管理力度,做好风险防控。

(一)技术风险的内涵

迄今为止,人们对跨国公司技术风险的内涵和外延还没有系统的划分。部分理论认为技术风险是在技术发展创新的过程中因外界其他因素所遭受的危险,但是依据跨国公司技术风险的来源看,可以看出其主要来自于硬件设备和软件两个方面。有在开放过程中、有在使用过程中,同时也有在技术取得以及转让的过程中产生的风险。因此,跨国公司的技术风险应该是在公司从起初的研发到现实生产的过程中,包括到产品的产业化以及商业化的推广过程中所面对的各种不利于企业技术发展的情况。当前,随着跨国公司技术发展,相应的风险也逐渐增大,主要是因为科技的进步使得一些诸如知识、信息数字等无形要素成为技术风险传播的载体。如果先进的技术在市场上不能根据适应性以及收益性作出比较科学的预测，就容易在技术创新的初始阶段产生技术风险。例如，技术创新要素在全球化的背景下流动较快，这样产生的风险来自其自身或者来自新产品不被市场接受，或在市场上被其他相同行业产品取代，跨国公司在技术的创新上确实存在风险，因此，相对而言，并非技术越新收益越大，跨国公司应具体地分析技术要素特点，适当采取不同的应对策略来降低技术流动风险带来的损失，同时，需要进一步增强跨国公司技术风险防范的能力。

（二）技术风险的特征分析

据跨国公司当前所面对的情况，跨国公司的技术风险存在以下特征：客观性、不对称性、渐进性、周期性以及复杂性等。

首先，技术风险的客观性即风险是始终存在的，任何先进的技术都不能消除技术风险，只能通过一些方式逐步降低风险产生的可能性。即使跨国公司在已有的技术成果上，不断创新发展，技术风险仍旧客观存在。

其次，技术风险的不对称性指跨国公司对信息技术的掌握有不确定性。在技术创新的过程中，跨国公司拥有自己核心关键的技术，但是同行业的竞争者却无法拥有该技术，由此造成技术发展的不对称，尤其是在现行的市场经济活动中，全球化不断推进，掌握先进技术的跨国公司完全可以利用其技术优势处于有利地位，而技术落后的一方则处于不利的位置。

再次，对于技术风险的渐进性而言，技术创新不是一蹴而就的，而是要经历一段时间的基础研究，日积月累，技术才能不断地进步。因而，在技术创新的过程中，技术风险始终贯穿其中，在不同的技术发展阶段，技术风险的规模大小以及产生的影响也不一样，具有渐进的特点。

最后，技术风险具有一定的复杂性和周期性。跨国公司在技术研发以及从生产到整个产品市场化的过程中会涉及物质资源（产品存货、场地因素)、人力资源(人员信息、员工经验)、其他资源(诸如企业文化、公共关系等),导致风险复杂化;同时技术创新具有一定的周期性,随着技术的进步,新产品推广的成功率会下降。此外,信息的累加以及技术创新的不确定性也会导致技术风险复杂化。

二 跨国公司技术风险来源分析

在跨国公司经营发展的过程中,技术风险的来源主要分为内部因素和外部因素。内部因素即影响跨国公司技术研发的内部因素,跨国公司技术创新所需要的相关技术不配套、不成熟,以及跨国公司生产产品时部分技术所需要的相应设施、设备不充足,会影响技术发展的完整性以及可行性。外部因素主要包括跨国企业文化、海外资源、社会公共关系以及海外品牌等。

(一)内部因素

首先是关键核心技术不成熟以及与实际需要不配套。由于跨国公司在新的地方经营发展需要契合当地的环境条件,新的技术发展必须要经历一段时间的实践,应用现有技术就会有很多不确定性,尤其是很多海外跨国公司热衷于通过引进先进设备,提高产品科技含量,但却容易因内部技术不成熟而遭遇食洋不化,不能产生真正的效益。

其次,关键技术产生的效益有不确定性。跨国公司海外投资企业在发展时期,由于技术研究过程中的效果难以衡量,难以确定该技术在带来经济利益的同时是否会产生副作用。

再次,随着技术的日新月异,新技术的出现不断推动变革革新,同时也缩短了原来技术的周期,在某种程度上,新技术的发展是对原技术的更新和优化,但是当跨国公司在技术的更新上滞后时,配套技术的不成熟会导致新产品不稳定,极大可能会带来相应的技术风险。

最后,部分跨国公司需要新的技术来降低运营成本,从而需要技术更迭或者转移,这同时对跨国公司供给方以及需求方有相应的要求,特别是在技术从供给方到需求方的转移或者更迭的过程中,需要注意的就是技术本身的成熟性，防止在不成熟的条件下相关技术转移失败而产生一定的风险。

（二）外部因素

外部环境是技术风险传导的载体，也是技术创新的基础，外界环境的好坏影响着技术的进步发展。在跨国公司经营发展的战略目标中，针对不同的市场接受速度，跨国公司市场化的力度也不同，尤其是要面对不同的社会环境、文化差异、制度因素等，跨国公司需要一个缓慢融合的过程。这就使得技术的发展在异地经历一定的"沉默期"，同时也会受到技术资源的限制。

首先，技术环境受到技术的资源、相关设备以及条件的影响，诸如在技术创新提升发展时缺乏相关资源以及实验设备会导致计划搁浅，造成成本增加技术无法应用的两难境地。

其次，人员环境的变换是技术风险传导的诱因之一，在跨国公司的海外发展过程中，随着劳动力要素的流动以及人口的迁移，其所附带的知识技术就会在新的环境中扩散，如果有新的诱惑，人员的变化可能引起技术的泄露。此外，跨国公司人员破坏交易数据、修改部分信息程序、泄漏信息技术等也是导致技术风险的重要外部环境因素之一。

最后，外部的资金环境也是影响技术风险的重要因素。跨国公司在海外进行交易时，必然涉及相关金融资金等信息，尤其是跨国投资公司均希望通过相应的内外网络，提升交易的效率，比如在零售方面的 ATM 网络。由于相关汇率等的波动，技术的延迟给资金的交易带来风险隐患，使得流动性风险上升。

三 跨国公司技术风险的传导分析

依据跨国公司技术风险的来源，技术风险的外部环境以及内部因素导致某种不确定性利益关系，会释放一定的技术风险因子，形成技术风险流，当风险流聚集以后，技术风险因子等会将以内外部因素为载体进行释放，导致技术风险在跨国公司之间传导。此外，风险阈值主要表现为：一是外界相关环境诸如技术资源以及人为因素等的变化导致风险因子聚集超过设定的技术风险指标；二是内部因素比如技术风险的防范能力下降或者技术研究实验的设备落后导致预期风险的指标阈值降低。技术风险流将通过一定的载体（科技信息、科技人员、核心技术），以一种或者多种方式传导，使得跨国公司的相关项目投资在经营活动中蒙受损失。对于跨国公司而言，项目风险的传导具有路径性，主要包括以下几个方面：

首先，跨国公司技术风险在设计研发过程中的传导。跨国公司技术的研发，必须严格按照公司相关规定以及客观规律，各个部门之间设计研发相互关联。如果某一阶段存在风险，这将会影响到其他阶段工作的开展，从而易使得跨国公司技术风险、政策风险、决策风险、经济风险和财务风险等在项目进行的各阶段之间进行传导。

其次，技术风险在跨国公司与其他关联母公司之间的传导。一般而言，跨国公司技术风险的传导是几个甚至多个项目间的传导，而不是独立的项目中的传导，同时，技术风险的传导与跨国公司和其他企业之间的经营活动密切关联，如技术项目产品原材料的技术资源问题、技术研发后期的产品商业化销售问题等。此外，跨国公司在进行关键性技术研发时，需要与其他跨国公司做兼容或者其母公司提供好基础支持，否则项目的实施将难以展开和进行，这就使得技术风险在业务流程链和资金链之间的施工承包方、设计方以及原材料供应商之间进行传导。

最后，跨国公司技术风险与其他相关利益链之间的传导。主要包括与国家机构、社会群体、金融机构、税务机构以及与东道国投资者等利益相关者之间的风险传导。

四 跨国公司技术风险的损失效应

跨国公司技术风险传导所带来的损失，即相应的技术风险在内外部因素等作用下,通过技术风险载体进行传导,最终产生一系列不良结果导致损失,主要包括以下四种:破窗效应、耦合效应、蝴蝶效应、多米诺骨牌效应。

首先,破窗效应是指由于技术风险的原因导致跨国公司产生不良结果并产生恶性循环,通过不同载体的传导诱发更多亏损。我们可借鉴管理顾问迈金塔的话来形容它产生的背景:"随意决定物品的存放并不会让你的工作速度加快,只能使你的寻找时间加倍;你必须分析考虑怎样才能拿取物品更快捷,并让大家都能理解这套方案,遵照执行。"如果跨国公司在经营过程中,不给业主可以肆无忌惮提出要求的心理暗示,就能有效地防止下一个漏洞的产生。

其次是耦合效益,指跨国公司在技术投资项目关系网络中的各个有直接或间接关联节点之间的相互影响。在跨国公司之间也存在单个或者多个耦合,跨国公司之间耦合愈紧密,联动的作用就越大。此外,若没有技术耦合,那么跨国公司相关技术在更迭或者转移的时候就会遇到困难,甚至造成大的损失。

再次,蝴蝶效应描述的是在经济全球化的背景下,跨国公司之间相互联系,你中有我,我中有你,任何细微的技术变革都会对跨国公司其他部分产生伤害。

最后是多米诺骨牌效应,指跨国公司技术风险在内外部联系中诱发一连串的连锁反应。多米诺骨牌效应合理分析风险诱发原因的事件链,促进了风险发生机理的相关研究。

第二节 跨国公司技术风险预警

一 跨国公司技术风险预警的理论分析

针对风险预警,国内外已经有相应的理论分析。本章在借鉴相关风险预警理论等的基础上,分析跨国公司技术风险。

自20世纪中期开始,国外已经利用相应的统计方法对企业以及跨国公司等进行战略风险预警管理。世界各国根据不同的情形，已经归纳总结了多种财务风险预警的研究方法。当下研究的主流模型和方法——单变量预警模型、多元线性判别分析、Logit回归模型、因子分析、神经网络分析等，均已取得较为丰富的研究成果。FR（1975）首次对出现财务风险的商业银行进行多元线性判别分析。通过新识别的资产负债表和收益报表将有财务风险与无风险的样本进行匹配，并使用多元线性判别分析（MDA）法来检验群体均值差异，从而预测相关风险值。奥尔森等运用Logit回归模型，对破产公司进行研究。[1]他们对一百多家破产的公司和两千多家经营稳健的公司进行了对比分析，风险预测准确率高达95%以上。

国内方面虽起步较晚，但也有相关学者在国外研究的基础上对风险等做出相关评价分析。张爱民等以Z值模型为基准，结合主成分分析法，通过构建Z值主成分预警模型，对ST相关企业进行预警分析，预警准确率高达90%以上。[2]王庆华等以在深圳证券交易所上市并发行公司债的制造业企业为研究样本，以企业主体信用评级为财务风险水平的衡量标准，将企业财务风险进行多等级划分，运用多分类Logistic回归模型分析探讨企业财务风险的影响因素。[3]李燕运用因子分析法确定了各指标的权重，构建了城市商业银行财务风险预警体系的综合度量模型，并对某城市商业银行的财务风险指标进行实证检验和分析。[4]戚家勇和蔡永斌运用因子分析法，对房地产上市公司财务风险进行评价，并对此提出风险控制策略建议。[5]

---

[1] Ohlson, J. A., "Financial Ratios and the Probabilistic Prediction of Bankruptcy", Journal of Accounting Research, Vol. 18, 1980.

[2] 张爱民、祝春山、许丹健：《上市公司财务失败的主成分预测模型及其实证研究》，《金融研究》2001年第3期。

[3] 王庆华、杨吉：《基于多分类Logistic回归模型的企业财务风险影响因素探析》，《财会月刊》（理论版）2015年第6期。

[4] 李燕：《基于因子分析法的城市商业银行财务风险预警体系研究》，《金融理论与实践》2017年第4期。

[5] 戚家勇、蔡永斌：《房地产上市公司财务风险评价研究》，《财会通讯》2018年第26期。

此外，灰色系统理论（Grey System Theory）由邓聚龙教授创立于20世纪80年代，指部分信息已知而另一部分信息未知的系统，主要考察和研究的是信息不充分的系统。灰色关联度是用于研究模糊系统之间或系统内部之间因素的关联程度，也就是变化大小、方向及速度等指标。如果两个因素在系统发展过程中相对变化基本一致，则两者关联度较大。

二 构建跨国公司技术风险传导预警模型

（一）灰色关联度

本章在分析跨国公司技术传导载体的基础上，针对技术风险具有典型的灰色系统特征，利用灰色系统理论构建跨国公司技术风险传导测评模型，对跨国公司在市场运行过程中面临的技术风险等级状况进行测量和评价。

1. 构建灰色关联度分析模型的步骤

首先，设置绩效指标序列和结构比较序列；其次，对原始数据进行相应数据处理；再次，求绝对差序列；然后，计算关联度；最后建立关联度矩阵进行实证分析。

2. 数据转换

（1）对于常用的数据转换

对于原始数据 $\{x(0),x(1),\cdots,x(n)\}$ 的无量纲处理是整个模型的重点，目的是消除单位制和数据本身差异的影响。

对原始数据进行映射处理，即 x 到 y 的转换，

$$f: x \to f[x(i)] = y(i)\ i = 0,1\cdots n$$

初值变换：分别用同一序列的首个数据除各个原始数据，得到新的倍数数列，即初值化变换数列。结果各值均大于0，且有共同的起点1。

$$x^*(i_j) = x(i_0)/x(i_j)\ i,j = 0,1\cdots n$$

结果各值拥有共同的分母基础，差异只体现在分子。

第十一章 "一带一路"倡议下跨国公司的技术风险

$$x^*(i_j) = x(i_j)/\overline{x}\, i, j = 0,1\cdots n. \text{ 其中 } \overline{x(i)} = \sum_{j=0}^{n} x(i_j) 。$$

（2）对于不同性质数据的多指标转换

依托跨国公司技术风险传导的内外部环境在多因素载体传导指标上根据类型进行划分。

其中各种类型转换的方式分别如下：

效益型：$y(i_k) = \dfrac{x(i_k) - \min\limits_{i} x(i_k)}{\max\limits_{i} x(i_k) - \min\limits_{i} x(i_k)}$

成本型：$y(i_k) = \dfrac{\max\limits_{i} x(i_k) - x(i_k)}{\max\limits_{i} x(i_k) - \min\limits_{i} x(i_k)}$

固定型：设 $a(k)$ 为某一固定值 $y(i_k)$

$$= \dfrac{\max\limits_{i}|x(i_k) - a(k)| - |x(i_k) - a(k)|}{\max\limits_{i}|x(i_k) - a(k)| - \min\limits_{i}|x(i_k) - a(k)|}$$

固定区间在 $[b(k), \overline{b(k)}]$ 上的情形：

$$y(i_k) = \dfrac{\max\limits_{i}\Delta(i_k) - \Delta(i_k)}{\max\limits_{i}\Delta(i_k) - \min\limits_{i}\Delta(i_k)}, \text{ 其中 } \Delta(i_k)$$
$$= \max\{x(i_k) - b(k), \overline{b(k)} - x(i_k)\}$$

偏离型指标的处理方式同固定型、固定区间型相同，只不过固定值和区间是一个偏离的置信区间。

（3）关联系数矩阵的计算

定义：称 $r[x(0_k), x(i_k)]$ 为绩效因素 0 与结构因素 i 在第 k 列的关联系数，且

$$r[x(0_k), x(i_k)] = \dfrac{\Delta_{\min} + \rho\Delta_{\max}}{\Delta_{0i}(k) + \rho\Delta_{\max}} \qquad (公式一)$$

其中称 $\Delta_{0i}(k)$ 为因素之间的绝对差，$\Delta_{0i}(k) = |x(0_k) - x(i_k)|$；

称 $\Delta_{\min} = \min\limits_{i} \min\limits_{k} \Delta_{0i}(k)$ 为极小差；

称 $\Delta_{\max} = \max\limits_{i} \max\limits_{k} \Delta_{0i}(k)$ 为极大差；

在公式一中 $\rho \in (0,1)$ 为分辨系数，作用是降低极大差太大导致

的数据失真度,提高关联系数之间的差异显著性,本章取其值为0.5。

(4) 结构因素关联度的计算

在得到关联系数矩阵后,就可以计算某一因素的关联度系数了,首先制定指标权重。

设 $w(i_k)$ 为因素 i 第 k 个数据的权重,且 $\sum_{k=1}^{n} w(i_k) = 1$,$w(i_k) > 0$,称 $r[x(0),x(i)] = \sum_{k=1}^{n} w(i_k) * r[x(0_k),x(i_k)]$ 为因素 i 的灰色关联度,为了方便起见,我们取平均权重 $1/n$。

(5) 结果分析

对比较序列与参考序列的关联度从大到小进行排序,若二者的变化态势趋于一致,说明二者关联度大,反之,则说明二者的关联度较小。

(二) AHP 层次分析

1. AHP 目标设计

AHP 层次分析法将定量与定性分析结合,一般而言要构建多个层次,分别为目标层、准则层和指标层,每个层次都要通过相应的赋值,然后建立两两矩阵,确定特征值和特征向量,其中特征值用于一致性检测,特征向量反映了相同层次不同指标的相对权重,通过一致性分析之后,确定每一个指标所占有的绝对权重。AHP 层次分析法计算评价指标权重的过程主要分为三步:首先构造出层次分析模型,构建出需要计算的目标层、准则层、指标层。然后构造判断矩阵,对评价指标的相对重要性赋值,可由分析者通过合理途径确定赋值。最后对构造的矩阵进行一致性检验,一致性指标 CI 与平均随机一致性指标 RI 满足 CR = CI/RI < 0.1 时则通过一致性检验。

本章首要的任务就是结合 AHP 层次分析法的核心建立目标层。再根据目标层进行分解,构建由目标层、准则层和指标层组成的金字塔结构的模型。通过对每个存在支配关系的元素进行比较,对于 n 个元素，$\begin{bmatrix} A_{11} & \cdots & A_{1n} \\ \vdots & \ddots & \vdots \\ A_{n1} & \cdots & A_{nn} \end{bmatrix}$，其中每个元素（1）$a_{ij} > 0$ （2）$a_{ij} = \dfrac{1}{a_{ji}}$ （3）$a_{ii} = 0$

2. AHP 准则设计

在建立目标层的基础上，针对最终的研究目的，建立与之相应的准则层，也就是构建整个指标体系的第二步。准则层是将目标层按照标准划分成几个方面，从合理的角度实现研究目的的某种对策或方法的中间环节，通常又被称为策略层和约束层，它也是整个指标体系的中间层。

表 11 – 1   准则层的指标

准则层	指标层
行业状况以及环境	行业竞争 A11
	技术资源 A12
	劳动资源 A13
	资金资源 A14
跨国公司性质	关联方关系复杂 A21
	组织结构 A22
经营目标	开发新产品 A31
	提供新服务 A32
	信息系统相互结合 A32
内部环境	技术访问限制 A41
	技术安全系数 A42

3. AHP 一致性检验

在进行权重向量的一致性检验时，常用的方法是特征向量法以及几何平均法，此次以几何平均法为准：

（1）将判断矩阵 A 中的每行元素进行如下处理：$w^* =$

$(w_1^*, w_2^* \cdots w_n^*)^T$，其中 $w_I^* = \sqrt{\prod_{j=1}^{n} a_{ij}}$

（2）处理权重 $W = (w_1, w_2 \cdots w_n)^T$，其中 $W_i = \dfrac{w_i}{\sum_{i=1}^{n} w_i^*}$

（3）向量 W 最大特征值 $\gamma_{max} \dfrac{1}{n} \sum_{i=1}^{n} \dfrac{(AW)_i}{w}$

第三节 跨国公司技术风险管理策略

一 跨国公司技术风险管理总体策略

长期来看，跨国公司在管理的过程中存在相应的缺陷，当前无论这样的缺陷来自跨国公司自身技术的发展还是跨国公司在管理行为中的结构性不足，都会对跨国公司产品产生极大的影响。为防止技术的泄露和技术风险的传播，只有厘清技术风险的来源、传播路径和监管机制三大要点并进行策略分析，才能进一步优化管理策略，提升风险的控制力。

首先，技术风险预测是应用现代技术对风险进行事前定性分析的过程。依据技术风险的来源，根据跨国公司发展现状，尤其是在海外发展过程所遇到的潜在风险，以及跨国公司相关产品的状况，找出潜在技术风险的影响因素、风险产生的原因以及预测可能的后果，通过科学的方法进行系统评价预测。

其次，在风险传播的路径上，通过分析跨国公司技术风险传播的载体，及时阻断技术风险传导的路径，达到及时控制风险的效果。针对跨国公司技术风险传播载体，划分好风险传播载体性质，一方面在跨国公司技术开发阶段以及商品生产阶段进行跟踪分析；另一方面，加强跨国公司员工的素质培养，降低核心技术流失的可能。

最后，在跨国公司技术风险监管方面，跨国公司管理者尤其需要在技术风险产生时，及时根据过境情况制定相关的规避措施，同时最

第十一章 "一带一路"倡议下跨国公司的技术风险

大限度地降低损失。此外，要根据实际情况完善应急方案，及时做好反馈，通过相关管理制度，对有缺陷的部分进行逐个检查。

总而言之，加强自身技术管理以及推动技术创新，是防范跨国公司技术风险的总体策略，不仅要从源头识别技术风险发生的影响因素，还要提升技术创新能力，更加准确科学地预测风险，才可以降低技术风险发生的概率。

二 跨国公司技术风险管理具体措施

（一）建立技术风险识别预警系统

"问渠那得清如许，为有源头活水来"，要防范跨国公司技术风险，

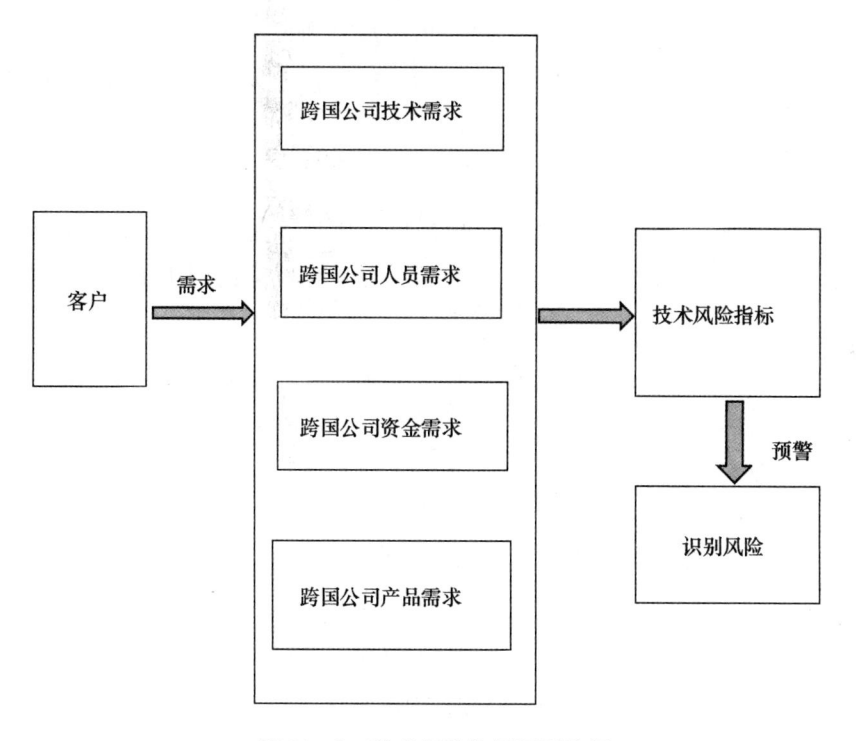

图 11-2 技术风险传导识别路径

就要在技术风险的源头进行识别，有关跨国公司母公司以及子公司的

信息至关重要，在技术风险的源头设定相关预警指标，建立技术风险识别预警系统。一方面要加强跨国公司内外技术信息的搜集，实时关注国内跨国公司的技术产业动态；另一方面，及时建立相关技术预警机制，通过多个平台的联合，资源共享、相互补充，从而降低或分散风险。

当跨国公司确定了其产品的目标市场后，就可以在此基础上针对客户需求进行划分，通过分析客户需求，获取技术风险识别因素，形成技术风险预警指标，如下表述：

$$T_m \xrightarrow{?} PRS$$

其中，T_m是跨国公司的市场客户需求集合，是映射集合。跨国公司通过客户需求映射，得到客户需求因素，为识别技术风险来源奠定了基础。继而把需求映射成风险指标，得到技术风险识别指标，利用预警信号进行识别，达到识别风险的目的。

首先，针对技术风险源头，跨国公司从自身以及客户需要出发，进行相关性分析。进行相关技术研发的同时，注重跨国公司产品的组成部分，发展符合公司特点的新技术，在技术风险的源头上进行分析识别。

其次，不仅要在技术资源环境上加强预警，还要密切关注资金环境、公司科技人员，及时注意跨国公司外部环境变化，防范技术信息被人为泄露，保障资金的安全，提升安全系数，尽量做到早预警、早发现、早处理。

最后，在跨国公司内部预警上，要加强防范风险，规范预警指标体系，综合预警指标涉及的范围，将内外部因素结合起来，用新的技术进行相关舆情监测、技术人员管理、后台防火墙防护等，在最大程度上根据风险源预防技术风险发生的可能。

(二) 阻断技术风险传播途径

只有跨国公司系统识别技术风险源，及时避免技术风险产生，阻断技术风险传播途径，才能真正有效防范风险。跨国公司以人员为载

第十一章 "一带一路"倡议下跨国公司的技术风险

体的技术风险传播尤为常见,跨国公司要努力提高内部技术人员的素质,防范部分技术人员潜逃、倒卖技术参数信息,减少技术流失的风险,还需要创造良好的企业文化,增强企业的凝聚能力,防止技术信息扩散。因此需要建立一套有效的科技人员激励机制:一是建立科技人员持股的制度,这样可以激励技术人员的创造积极性;二是加强科技培训制度的建设,在跨国公司内部实行员工定期或者不定期的外出交流、专题深造,从而开拓思想,成就新思路。在资金以及技术方面,涉及对外交易以及技术合作时,要时刻注意外部环境,防范资金的撤销以及技术的盗取,因此要监管技术风险传导的载体,切断技术风险传导的媒介,同时提升跨国公司内部活力,才能阻止技术风险传导。跨国公司的技术系统活力与技术方面的承担能力正相关。故要提升技术活力,需要不断去优化组织和鼓励技术创新,同时也可以建立技术提升研发合作,由跨国公司联合体承担技术研发费用,从而降低单个企业的研发费用;通过联合体内技术结合,缩短技术研发周期,提升研发水平,进一步扩大研发范围,加强对技术创新方案的可行性评估,减少技术开发与技术选择的盲目性,提升技术核心竞争能力。

(三)加强跨国公司技术风险监管

加强技术风险的监管,并在防范技术风险的路径上进行最优选。跨国公司在技术选择时,内部技术监管部、工程技术部及财务部等部门需要配合协作,处理有关技术风险事宜以及落实防范风险规划。根据跨国公司法规及时研究对策方案,对风险管理规划进行具体调整和修正。如果有重大变化的情况,必须由跨国公司董事会决策者批准执行,必要时跨国公司风险管理部门还要对技术风险评估信息进行反馈。

表 11 - 2   跨国公司各部门职能工作

部门机构	职能作用
风险管理部	针对技术风险管理的组织,及时应对技术风险

续表

部门机构	职能作用
项目经理部	主要是管理技术发展过程中所涉及的相关技术。同时需要管理项目工程技术人员和财务人员以及市场产品的推广,在跨国公司生产产品时,按照生产要求保证产品研发过程中技术风险能够有效控制以及转移
预算合同部	能够熟知跨国公司生产合同条款以及预算体系,依托专业人员拟定并审核相关合同,能够及时发现对本方不利的条款,可以有效地从源头上控制技术风险
技术监管部	弄清技术招标书的条件和内容,提出技术风险报告后,确定报价依据、估算原则、技术风险对策、投标策略等

各个部门在应对技术风险上,应履行各自的职责,一方面加强技术管理,另一方面,做好部门之间的协调沟通,实现技术信息的共享。

跨国公司需建立完善、系统、密切配合的职能部门,同时,完善相关法律文件以及准则,制定技术风险管理规划、技术风险应急预案,并请企业决策者审批。处理已发生的技术风险事件,并针对该技术风险事件向总部提交风险处理办法,做到防患于未然。

第十二章　金融市场与跨国公司投融资

　　金融工具或金融资产流通的场所通常被称为金融市场，它具有确定金融资产价格、为金融资产交易提供场所的功能。国际金融市场就是国际金融工具或金融资产流通的场所，也是跨国公司进行金融活动的重要场所，它的出现是因为国内金融市场无法满足资金或交易需求。一般来说，国际金融市场是一个庞大的体系，由国际债券市场、国际股票市场、外汇交易市场、国际货币市场、大宗商品期货交易市场、国际金融衍生品交易市场等组成，各个市场之间存在紧密联系并且可以相互影响。

第一节　全球金融市场格局

　　目前，在全球经济一体化的浪潮下，各国的金融市场也逐步对外开放，而且科技创新、信息技术革命等使国际金融市场一体化的趋势越来越明显。本节主要从外汇交易市场、国际股票交易市场和国际债券交易市场三个方面描述目前全球金融市场格局。

一　外汇交易市场格局

　　长期以来，英国、美国、日本、新加坡和中国香港是国际外汇市场的主要交易地。据 BIS 每 3 年公布一次的按地区分类的全球外汇交易统计，英国是全球外汇交易最活跃、成交量最大的地区，外汇交易

"一带一路"与跨国公司金融管理

量占比达 36.94%，是其他外汇交易市场的风向标，更长期保持着国际外汇交易市场格局中的中心地位。

表 12-1　　　　　　　外汇交易市场交易量及比重　　　　（十亿美元，%）

年份	指标	英国	美国	中国香港	新加坡	德国	日本	全球
2004	日均交易量	835	499	106	134	120	207	2608
	比重	32.02	19.13	4.06	5.14	4.60	7.94	
2007	日均交易量	1483	745	181	242	101	250	4281
	比重	34.64	17.40	4.23	5.65	2.36	5.84	
2010	日均交易量	1854	904	238	266	109	312	5054
	比重	36.68	17.89	4.71	5.26	2.16	6.17	
2013	日均交易量	2726	1263	275	383	111	374	6686
	比重	40.77	18.89	4.11	5.73	1.66	5.59	
2016	日均交易量	2406	1272	437	517	116	399	6514
	比重	36.94	19.53	6.71	7.94	1.78	6.13	

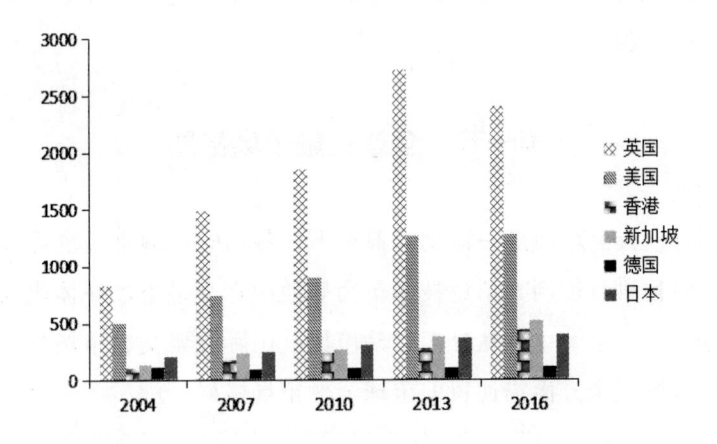

图 12-1　国际外汇交易市场格局变化趋势（十亿美元）

资料来源：Triennial Central Bank Survey of foreign exchange and OTC derivatives markets in 2016, https://www.bis.org/publ/rpfx16.htm? m=6%7C381%7C677.

而按货币分类的交易量统计显示，在全球外汇市场中美元外汇交易量占比高达 84.9%，交易量排首位，其次是占比 39.1% 的欧元，再次为占比 19% 的日元，英镑占比为 12.9%，排名第四。

2016 年 9 月 1 日 BIS 发布了最新一期全球外汇市场调查报告（每 3 年公布一次）。报告显示，2016 年 4 月外汇市场交易额每天平均达 51000 亿美元，同比下跌 5%。美元依然保持了其主导货币的地位。2016 年 4 月，88% 的外汇交易用美元进行。欧元依旧是第二大交易货币，但是其交易份额相较于历史峰值——2010 年 4 月的 39% 有所下跌，2016 年 4 月其交易占比下降至 31%。在欧元占比下跌的态势下，许多新兴市场货币则凸显出其增长力量，尤其是人民币的增长幅度十分显著。人民币成为世界第八大交易货币，其份额翻番至 4%。2016 年 4 月人民币的每日平均交易额为 2020 亿美元。此外，调查显示，英国、美国、新加坡、中国香港和日本依旧是外汇交易中介的集中地。外汇交易市场是当前唯一一个 24 小时运行的市场，新生力量与原霸主的较量在持续进行，竞争十分激烈，交易集中化趋势日益凸显。

二 国际股票交易市场格局

与外汇交易市场相似，股票交易市场的集中地也在英国、美国、日本、中国香港和新加坡，当今，英国伦敦证券交易所、美国纽约证券交易所、美国纳斯达克证券交易所、日本东京证券交易所、中国香港证券交易所、新加坡证券交易所是世界上开放程度较高、交易规则较规范、市场发展较为成熟的股票交易市场。长期以来，美国的股票市场在全球占有重要地位，年度融资规模、股票交易规模、股票总市值和上市公司数量等多项指标长期处于全球首位。而且纽约的金融市场是目前功能较为完善的交易市场，华尔街已经是国际金融市场的中枢，在国际金融市场格局中处于举足轻重的地位。

"一带一路"与跨国公司金融管理

表 12-2　　　　　2017 年国际股票交易市场格局　　　　　（万亿美元）

国家或地区	交易所名称	上市公司数量（家）	股票市值
美国	纽约证券交易所	2286	22.08
美国	纳斯达克证券交易所	2949	10.04
日本	东京证券交易所	3604	6.22
中国	上海证券交易所	1396	5.08
欧洲	泛欧股票交易所	1255	4.39
中国	香港证券交易所	2118	4.35
中国	深圳证券交易所	2089	3.62
加拿大	多伦多证券交易所	3328	2.37
印度	印度国家证券交易所	1897	2.35
印度	印度孟买证券交易所	5616	2.33

资料来源：世界交易所联合会 2017 年年报。

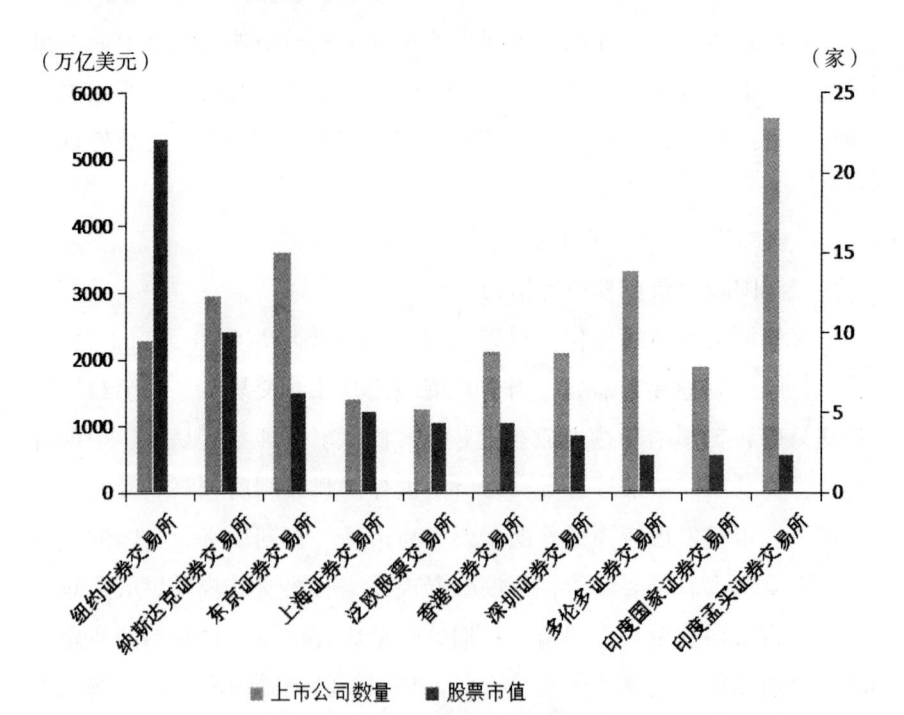

图 12-2　2017 年国际股票交易市场格局

与 2016 年相比，2017 年全球股票交易价值和交易数量分别下降 2.6% 和 5.1%。美国依旧是全球股票交易的主要市场，表 12-2 列出的是按照各个证券交易所的市值排序的全球前十大证券交易所。可以看到，2017 年美国的股票市值居全球首位，其次是中国，日本东京证券交易所和印度孟买证券交易所的上市公司数量较多。美国和中国的证券交易所股票市值占全球比重高达 55%，而中国和美国的证券市场交易额占全球交易所交易额的 68%。截至 2017 年末，上交所和深交所市值总和达到 8.7 万亿美元，中国成为全球第二大股票交易市场；同时，深圳和上海交易市场的交易量分居全球股票市场交易量的第四、第五位，交易量分别为 4.9 万亿美元和 4.1 万亿美元。

三　国际债券交易市场格局

目前世界上主要的债券交易市场包括卢森堡证券交易所、马德里证券交易所、伦敦证券交易所、法兰克福证券交易所等。卢森堡证券交易所是上市债券数量最多和融资规模最大的交易所，马德里证券交易所是债券成交规模最大的交易所。而伦敦是外国债券发行和交易的中心，全球国际债券的 60% 在伦敦发行，外国债券二级市场交易量的 70% 在伦敦进行。

据 2017 年世界交易所联合会公布的年报，德意志证券交易所的债券交易总值最高，其次是韩国首尔证券交易所（注：该年报未公布纽交所、纳斯达克证券交易所、伦敦证券交易所的数据）。据美国证券业及金融市场协会公布的数据，2017 年美国共发行 74809 亿美元债券；日本财务省公布 2017 年日本在国际市场上发行的债券达 108545 亿日元。据日经中文网报道，2017 年底中国债券市场规模达 11.4 万亿美元（约合 1300 万亿日元）左右，仅次于美国（约合 4200 万亿日元）和日本（1400 万亿日元）位居全球第三。目前中国债券交易市场规模庞大，增长迅速，虽然境外投资者的渗透率仍然很低，但资本账户正在逐步开放过程中。

表 12-3　　　　　2017年国际债券交易市场格局　　　　（十亿美元）

国家或地区	交易所名称	债券交易总值
德国	德意志证券交易所	6823043.8
韩国	首尔证券交易所	2260.78
中国	上海证券交易所	681.82
哥伦比亚	哥伦比亚证券交易所	309.27
中国	深圳证券交易所	67.79
欧洲	泛欧股票交易所	8.15
中国	香港证券交易所	7.74
日本	东京证券交易所	0.36
卢森堡	卢森堡证券交易所	0.14

资料来源：世界交易所联合会2017年年报。

第二节　重塑全球金融体系的可行性分析

目前全球金融市场的发展面临诸多问题，如监管不到位、投机风气浓厚、风险防范不足等，此外，整个全球金融体系也存在一些缺陷，一些国家的诉求无法实现。跨国公司在外开展业务需要大量资金流，当前金融体系的不完善对于跨国公司的发展十分不利，为了更好地让跨国公司在国际市场上发展壮大，各国需要积极合作，参与全球金融体系改革与重塑。

一　当前全球金融市场体系存在缺陷

（一）全球金融体系中国家话语权不平等

曾经布雷顿森林体系是一个以美元为中心的国际货币体系，使得美元在全球金融市场上有特殊意义，长期处于主导地位，虽然后来因为种种原因该体系解体，在一定程度上削弱了美元的主导地位，但是美元依旧承担了主要的流通和交换职能，在外汇交易、债券交易与股票交易市场中美元作为结算货币的占比最高。现有国际多边发展机构，如世界银行、国际货币基金组织，在规则制定方面主要以美国为标准，话语权主要集中在少数几个西方国家手中，少数成员国拥有主流话语权，而新兴国家和广大发展中国家则由于话语权和代表权的缺乏，无法保障自身利益，更无法实现自身诉求。拥有话语权的少数西方国家往往关注于自身的发展需要，而忽视其他国家的资金需求，如美国，其政策制定的焦点多集中在公共服务领域（如教育、医疗卫生、税制改革等）和增强自身国际地位（如利率自由化、贸易自由化等），但是广大发展中国家迫切需要的却是基础设施建设的资金与技术。发展中国家由于综合国力较弱，在国际上很难满足发达国家所设定的各种苛刻的贷款条件，无法从国际金融市场上获得所需要的资金。母国是跨国公司发展的坚实后盾，跨国公司作为个体在他国发展往往需要两个国家先开展友好合作，在当前话语权失衡的情况下，大多数跨国公司都是来自拥有话语权的西方发达国家，而其他来自发展中国家的跨国公司的发展举步维艰。

（二）主要的国际金融机构和组织调节失效

国际金融机构和组织是全球国家参与国际市场互动、合作的桥梁和制度性基础，它们对国际货币体系下国家执行国际货币规则和公约、国际货币体系有效运转至关重要。[1] 目前主要的国际金融机构有世界银行和国际货币基金组织（IMF），这些组织表面上看是民主的投票表决制，但是股权的分配却是不合理的，如美国在世界银行有16.36%的投票权，国际货币基金组织有16.77%的投票权。但是依照这两大国际金融机构的规定，所有决议需有50%以上的赞成票才能通过，重大决议则要求有85%的赞成票，也就是说美国（占16%以上）实际拥有一票否决权。这对其他成员国家来说是不公平的。此

---

[1] 高杰英、王婉婷：《国际金融治理机制变革及中国的选择》，《经济学家》2016年第8期。

外，每个国家都拥有本国经济政策的自主决定权，没有国家真正愿意将决策权交由一个国际组织，在某种程度上，这些国际金融机构与组织的调控能力十分有限。此外，每个国家都倾向于实施对自身有利的措施，对于国际金融机构做出的不利于自身的决议会暂缓推行，或者选择"推迟"执行以获得红利。例如，2010在伦敦峰会上通过了IMF份额改革方案，但是美国国会直到2015年才通过。IMF就类似于微观层面的企业与行业组织，公司、企业总是以自身利益与发展为重，行业组织对它们的管控力十分有限。虽然国际金融机构设立的初衷是消除贫困，为需要资金的国家提供帮助以促进共享繁荣，但是实际情况的限制使得这些组织缺乏独立性，对于广大发展中国家和新兴经济体的利益是非常不利的。

（三）金融市场联动性增强，国际联合监管不力

伴随着全球经济一体化的深化发展，全球金融市场的联动性大大增强，国际资本流动十分迅速。而全球范围的金融监管和管理体制并不完善，对于全球金融资产的管理力度较弱，控制能力和限定能力十分有限，使得全球金融资产的发展较为混乱，金融风险和金融危机得以在全球范围快速蔓延。目前金融市场上的金融工具较多，繁杂多样的金融产品在激烈的市场竞争中层出不穷，如果放任其自由发展，任由资本自由流动，将导致严重的后果，2008年全球金融危机就是一个惨痛的教训。多年来，国际金融监管框架一直采用的是"出现监管漏洞——采取补救措施——再出现监管漏洞——再采取补救措施"模式。这种模式在给国际金融监管带来滞后效应的同时，还致使主要国际金融监管机构一直处于缺位和错位状态。[1] 世界货币基金组织、世界银行、世贸组织、国际清算银行、巴塞尔银行监管委员会、金融稳定论坛、国际会计准则委员会、国际证监会组织等是现有的国际金融监管体系的主要组成部分，但是它们的有效性一直是受到质疑的，因

---

[1] 苗永旺、王亮亮：《全球金融危机与国际金融监管框架变革》，《亚太经济》2010年第1期。

为事实上,全球金融监管仍无法进行有效的国际协调,尚未形成合力,反映的还是各国自身的利益。

二 中国参与全球金融市场构建的可行性分析

(一) 经济快速增长,经济实力增强

自改革开放以来,中国的经济实现了飞跃式发展,中国在国际上的地位不断上升,人民币也不断发展壮大。2018年1月,中国国家统计局对外公布2017年国内生产总值达82.7万亿元人民币,同比增长6.9%。中国已经成为世界第二大经济体,经济总量占全球比重已经由1978年的1.8%上升到2017年的16%。据海关总署统计,2017年中国货物贸易进出口总值达27.79万亿元,同比增长14.2%,是1978年的782.82倍。据相关统计数据,中国进出口货物和服务总额占全球的份额由2011年的8.4%上升至2017年的9.7%。2018年4月世界贸易组织对外发布2017年年度全球贸易报告,报告显示2017年中国商品贸易出口占全球份额为12.8%,继续位居世界第一,2017年中国商品贸易进口仅次于美国,位居全球第二。2017年商务部发布《中国对外直接投资统计公报》,报告显示2016年中国占全球外国直接投资的比重首次超过10%,蝉联全球第二大投资国地位。目前中国已经成为推动世界经济发展的重要引擎,对世界经济增长的贡献率高达30%以上,为全球经济复苏做出了巨大贡献。经济实力的提升为中国参与全球金融市场重塑奠定了坚实的基础。

(二) 金融市场体系不断完善,对外开放度不断提升

在中国经济规模不断快速扩大、对外贸易不断快速发展的同时,中国在不断完善国内金融体系,国内金融市场与机构伴随着经济发展不断成熟。中国顺应全球经济发展与国际金融一体化的潮流,提高对外开放程度,接轨国际金融市场,积极参与国际金融竞争,使得其金融综合实力在国际范围内明显提升。在外汇储备方面,央行数据显

示，截至2018年2月末，中国外汇储备为31345亿美元，位居全球第一，是全球第二大外汇储备国——日本外汇储备的两倍多。较大规模的外汇储备使得中国可以自如地应对国际资本快进快出引致的流动性风险，也一定程度上防范了外汇投机风险。在货币和金融机构国际化方面，人民币的国际化进程取得了显著成就，人民币自2016年10月1日起正式被纳入SDR，据中国人民大学国际货币研究所发布的《人民币国际化报告2018》显示，截至2017年第四季度，人民币国际化指数（RII）已升至3.13，与日元、英镑的国际化水平十分接近。此外，中国金融机构快速发展，2018年7月2日，全球权威杂志英国《银行家》（*The Banker*）公布排名全球第一的中国工商银行一级资本增长了15.24%，排名第二的中国建设银行一级资本增长了20.54%，排名第三的中国银行增长了12.68%，排名第四的中国农业银行增长了15.63%。在资本市场对外开放方面，2018年博鳌亚洲论坛上中国人民银行行长宣布中国将进一步落实多项金融领域的开放措施，"沪港通""深港通"每日交易额度从2018年5月1日起调整为520亿元，"沪伦通"准备工作正积极推进，A股于2018年6月1日正式纳入MSCI指数。高度的对外开放为中国参与全球金融体系重塑提供了条件。

（三）全球治理理念多元化，治理规则系统性调整

传统的大国关系总是呈现"零和"博弈的特征，即国与国之间是互相对抗的关系，永远是一输一赢，所以国际体系是处于较不稳定的状态。在传统"零和"博弈的指导思想下，各国以自身利益为中心，金融体系发展也遵循新自由主义思想不断追求自由化、私有化和市场化，但是这种旧的治理理念和治理规则慢慢暴露出它的局限性和弊端。各国开始寻求新的出路，尝试新的合作模式，听取新兴国家的声音和建议，如金砖国家合作机制的成立，G20代替G8成为全球经济治理的首要磋商平台。中国作为重要的新兴力量，为推动全球经济发展贡献了巨大力量，而且自身也保持较好的经济增

长速度。在全球化问题日益凸显的时刻，各种问题复杂交织，全球治理理念也在变迁，全球治理期待"中国方案"，中国开始在国际舞台上有了参与全球经济治理、重塑全球金融体系的机会，而中国提出的"互利共赢"的新型合作理念和模式给全球治理带来了希望。中国国家主席习近平在2016年G20杭州峰会上翔实地介绍了中国提出的完善全球经济治理的方案，"一带一路"倡议与亚洲基础设施投资银行为完善全球治理、调整治理规则提供了"软性"公共物品。

第三节 中国构建新型全球金融市场的具体路径

当前全球经济增速放缓，世界经济面临严重的赤字，美国和欧洲国家在全球金融市场中的地位有所下降，而新兴经济体、发展中国家参与全球金融治理的需求日益增加，跳出治理常规，提出新的治理方案、改革现有国际金融体系与国际制度成为当务之急。

一 国内层面

（一）完善国内金融市场，建设国际金融中心

目前中国金融市场正在改革，资本项目正在逐步开放，资本项目的开放在为中国资本市场带来充裕的资金、多元化的投资产品的同时，也让中国资本市场纳入更多投资主体，国内金融机构可以更方便地拓展国外业务、与国际市场接轨。中国若想重塑全球金融市场，就必须先提升在全球金融市场中的地位，第一步就应该先与全球金融市场接轨。但是目前国内金融市场不成熟减缓了中国资本项目开放进程，也影响了中国在全球金融市场上发挥其能动性。因此，要坚定不移地推进国内金融市场改革，完善价格形成机制，健全金融体系，完善金融监管体制，增强中国金融机构的竞争力。但是资本项目的开放不能操之过急，应该循序渐进，毕竟中国的金融

"一带一路"与跨国公司金融管理

市场体系尚在发展,大进大出的资本流动不利于其稳定。根据国际经验,国际金融中心的建设也是十分重要的环节。2018年6月伦敦金融城公司公布最新的(GFCI23)全球金融中心指数,香港继续保持全球第三、亚洲第一金融中心的地位,上海排名第六,北京排名第十。香港在各项金融行业分支的表现都很好,上海则依旧需要加强金融基础设施建设、金融产品创新和金融监管的完善,确保金融监管能力和水平与国际标准一致,试点资本项目的自由兑换,使其在国际金融市场上更具有吸引力和影响力。此外,境内金融机构也要加快境外分支机构布局,并积极拓展国际金融业务。

(二)维护和平稳定的发展环境,构筑经济安全防护网络

继续营造良好的国内外政治、外交、经济、社会关系,保持中国经济健康稳定持续增长,良好的经济基础是参与全球金融治理、构建新型金融市场的前提。对内继续深化改革,夯实经济基础,国际话语权与经济实力有着必然联系,正所谓"弱国无外交"。对外坚持独立自主的和平外交政策,营造一个和平稳定的周边环境与国际环境,走和平发展的道路。中国在与老牌强国构建新型关系时,也要注重与新兴经济强国保持友好关系,在当今复杂、多元化、多主义的世界体系中,不卑不亢,多交朋友,互利共赢共同发展,努力树立新型合作关系模板。当然,在合作过程中,也要注意风险防范,当前美欧日等发达国家频繁调整政策,债务水平居高不下,新兴发展中国家也面临增长乏力等问题,一些地区地缘政治动荡,保护主义和民粹主义势力抬头。"一带一路"倡议横跨亚欧非三个大洲,连接了大大小小将近70个国家与地区,其中既有发达国家也有经济发展水平极其落后的国家,甚至一些国家、地区仍处于战争、种族冲突、恐怖主义的威胁之中,还有的疲于应对传染病或者自然灾害,等等。这些都不利于中国参与、开展经济合作,对于跨国公司而言,上述的一个问题就足够影响公司的存亡,更不要说多问题共存的情况。所以,对中国而言,在维护和平稳定的发展环境

第十二章　金融市场与跨国公司投融资

的同时，也要注重风险防范，根据不同的情况采取不同的经济安全保障措施，更重要的是及时将这些信息发布给开展跨国业务的公司，为它们构建一个安全防护网。

（三）吸取先进经验，培育高水平人才

中国作为一个新兴的经济大国，在参与全球治理时，应该先吸取国际上的先进经验、参考成功案例，这可以保障中国企业的利益。而且中国的金融治理与改革也是处于"摸着石头过河"的试错阶段，前人的经验是宝贵的财富，可以成为中国重塑金融体系的灵感来源。目前，加强和推动全球治理体系变革是大势所趋，但是中国起步较晚，以前比较关注自身经济的发展，对国际实务和国际规则的了解仍不如其他西方国家透彻，而且对于高水平的国际人才的培育也不充足，复合型人才就更加稀缺，往往是懂外语的不懂经济，懂谈判的不懂外语，抓紧时间培育一批高水平复合型人才是当务之急。这些人才也是建设国际金融中心的中流砥柱，根据香港的经验，香港可以在亚太地区处于领先地位与其拥有近20万金融从业人员和大批拥有丰富国际经验的高级管理人才是相关的。所以，参加全球金融治理、重塑全球金融体系，攻克人才匮乏难关才是取胜的长久之计，更是重要支撑。具体而言，中国可以从现有的金融组织中选拔出优秀人才，为其发展提供更广阔的舞台，也可以从高校、智库以及国际组织中聘任合适人才，更长远的选择是在高校中设置相关专业，培育综合全能型人才。

二　国际层面

（一）推动金融联合监管，构建新型金融组织

全球金融监管合作的背后是大国力量的博弈，现存的金融监管组织固然存在不足之处，但是也不可能在一朝一夕就将其推翻重建，只能慢慢进行调整，使其朝着更加公平、更加高效、更加透明的方向发展。具体而言，中国要积极推动现有的国际金融组织改革，增强这些

"一带一路"与跨国公司金融管理

组织的协调能力，对基本运行规则进行创新，尤其是股份比例上，要努力为发展中国家谋求发言权和投票权，让这些组织具备开放性、透明性和效率。自2012年习近平主席首次阐述"中国梦"以来，中国"互利共赢"的发展理念就多次在国际会议上被提及，与传统的"华盛顿共识"相对应，中国倡导的这种开放、包容的新型"义利观"被称为"北京共识"，在国际社会取得了广泛关注并且获得了普遍认同。此外，面对现有体系改革的僵局，积极探索构建新型组织也是另一条思路，在"北京共识"的指导下，中国参与建立了金砖国家开发银行，创设了亚洲基础设施投资银行。金砖国家开发银行是金砖国家为了弥补IMF在金融危机来临时救助不及时和力度不够的缺陷而设立的多边贷款机构。中国还提出了一种救助机制——应急储备基金，主要是为了解决金砖国家短期金融危机。与世界银行不同的是，金砖国家开发银行可以无门槛对所有发展中国家提供贷款，金砖成员国仅享有优先贷款权。亚投行是"一带一路"倡议的产物，也秉承开放的观念，为改善全球金融治理提出了新思路，与世界银行和IMF的会员制不同，加入亚投行是自由的，无硬性要求，只要同意加入即可。此外，亚投行的投票权与成员国的GDP、人口等指标相关，与按出资占股比例决定投票权的世界银行、亚洲开发银行截然不同。

（二）主动参与国际货币体系改革

目前，中国已是世界上第一大外汇储备国和第二大对外贸易国，但是目前国际货币体系中美元占据着不合理的地位，改革当前不合理的国际货币金融体系有利于世界经济的发展。中国要抓住时机推动人民币国际化进程，为世界经济发展和国际金融稳定发挥更大作用、做出更多贡献。首先要完善人民币汇率机制，目前中国人民币的汇率机制依旧缺乏灵活性，要提升相关汇率的变动幅度，让市场的汇率变动更加准确地反映供求关系。其次，要适当地放宽管制，提升商业银行对市场交易管理的灵活性，激发参与主体的主动性与积极性。再次，要多渠道、多形式、多方位地推进人民币的跨境使用，开拓境外人民币回流机制，加强人民币"走出去"与"引进来"双向互动，建设上海人民币在岸市场与香港人民币离岸市场。最后，要充分利用香港国际金融中心的地位。香港不仅要成为人民币走向区域化进而走向国际化的"实验地"，还要成为人民币"走出去"的重要通道。

（三）积极推进"一带一路"建设，发挥亚投行的作用

"一带一路"建设的推进让世界各国对中国提出的"互利共赢"的新型关系有了更加深入的了解，亚投行也给全球金融治理改革带来了新思路。国家话语权极度失衡的金融体系已不能满足发展中国家的需求。此外，随着"一带一路"建设的开展，会有越来越多的企业开展跨国业务，当前的国际金融体系也不能给跨国公司营造公平的竞争环境。中国是"一带一路"倡议的发起者，也是国际金融体系建设的重要参与者，中国应该担起重任，勇于尝试新方法新思路，通过亚投行重塑全球金融体系。首先，亚投行刚刚起步，面临很多不确定因素和外部阻力，而且新旧金融体系将会有一个很长的磨合期，虽然初步取得了小成就，但是不宜盲目乐观，应该多学习现有多边金融机构的成功之处，吸取其失败教训，在确保国家利益的同时兼顾亚洲发展中国家融资需求特点，制定既能充分代表发展中国家的利益，又能代表全体成员利益的治理规则和运营标准。其次，要勇于创新，不仅是金融产品的创新，更要有治理规则、监管制度的创新，打破以前的"零和"博弈困局，实现"双赢合作"。最后，应该积极与现存金融体系中的金融机构开展高效合作，并且适度开展良性竞争，展现自身优势与实力。中国一方面要协调各成员国、借款国的利益诉求，平衡地缘政治和地缘经济关系，推动亚洲基础设施建设和亚太地区经济发展；另一方面，在推进"一带一路"和亚投行的建设过程中要善于运用"软实力"，让更多的国家加入到"一带一路"的行列中来，争取将国际金融合作规模扩大，并提升到更高水平，凝聚多国力量共同重塑全球金融体系。

第十三章 "一带一路"倡议下跨国公司的投融资决策

2013年"一带一路"倡议提出以来，根据中央相关政策指示，按照"六廊六路多国多港"的基本格局展开建设并通过建设国际陆海贸易新通道、开通中欧班列等串联欧洲、东亚、南亚的运输通道，推动基础设施建设展开产能合作与转移，已经取得了一定的成效，但需要认识到的是，有近80个国家参与到"一带一路"倡议中，金融及贸易需求巨大，而仅在当前的基础设施建设上已经局部出现"融资困难"等问题，"一带一路"倡议下传统的贸易金融模式已经无法满足当前跨国合作与竞争新局势的需要。

"一带一路"倡议要创新对外投资方式，促进国际产能合作，形成面向全球的贸易、投融资、生产、服务网络，加快培育国际经济合作和竞争新优势。因此采取基于构建完整生产贸易链的投融资决策方式将成为"一带一路"倡议下进行设施、贸易、资金互联互通的重要策略。

第一节 "一带一路"倡议下跨国公司的投融资决策概述

"一带一路"的投融资决策是一个综合性的考量过程，需要考虑国家政策支持、国家产业需要，以及东道国的基本条件，同时需要把握国与国之间投资贸易合作的一些基本原则，才能高效合理地完成决策。

第十三章 "一带一路"倡议下跨国公司的投融资决策

一 "一带一路"建设中的跨国公司投融资决策基础

(一) 国家政策支持

党的十九大指出要创新对外投资方式,引导对外投融资基金健康发展,相关部门已经积极展开投融资改革,通过简政放权提升对外投融资服务水平;坚持灵活性与科学性相结合,积极支持真实合规的对外投资,以服务实体经济的主基调合理引导对外投融资需求,大力开展外汇管理领域改革,降低对外投资汇兑成本,解决融资贵的问题;打造协同沟通环境把握事中事后投融资相关信息,营造良好的营商环境等;为"一带一路"这样的跨区域投融资合作创造良好环境。在"一带一路"倡议和基础设施建设合作的推动下,"一带一路"沿线国家的投融资需求持续增加。

(二) 国家间互相需要

我们用宏观杠杆率(M2/gdp)这一宏观经济指标来看国家间的互相需要。对于当前的中国和"一带一路"沿线国家而言,中国的宏观经济现状要求稳杠杆,"一带一路"国家需要适度加杠杆提升消费需求而减少投资对于 GDP 的贡献度,从国际收支的角度看,经常账户逆差将扩大,资本和金融账户的差额将减少,由此将余出一部分储蓄;而相应的,"一带一路"沿线国家多为人口较少与储蓄率低的国家,正需要通过资本注入提高消费与投资需求,两者恰好互补,因此从金融合作的角度来看,彼此互相需要。

(三) 现实基本条件

结合"一带一路"沿线国家的基本条件看,由于地理位置、基础设施有限等诸多原因,此前沿线很多国家参与全球价值链的程度有限,分工地位较低。考虑支撑本国产业发展的对外开放与金融支持体系,部分国家受限于国家开放程度,存在金融深化不足、融资难的问题;部分国家受制于国际金融市场的剧烈波动经常面临很大的汇兑风险。总体来看,"一带一路"沿线各国在金融层面上表现得较为疲

"一带一路"与跨国公司金融管理

软,难以通过金融支持自身的基础设施建设。参与"一带一路"倡议能够帮助这些国家深化金融发展,提升它们在区域甚至国际金融市场的竞争力。

从现实环境看,一方面基础设施建设的需求仍然巨大,另一方面金融业当下又普遍存在资金大量闲置的情况,资金供需之间无法有效对接。产生这个矛盾的原因,从金融角度来分析,其核心问题是基础设施融资的还款来源和机制被切断。中国现在基础设施建设融资不畅的问题并非出在基础设施建设行业本身,而是中国经济发展模式在基础设施建设领域上的反映。在中国经济从高速增长向高质量发展的过程中,要解决很多深层次体制的问题,解决以前粗放式增长的问题,即提高投资效率和量力而行,这是一个问题的两个方面。实现的途径就是深化改革和创新,将政府主导与市场运作相结合。

二 以基础设施建设为主的投融资决策因素

金融在"一带一路"建设过程中的作用非常突出。要通过金融资源的整合,来推动基础设施的互联互通、贸易的畅通、货币的流通,最终实现全面的互联互通。充分发挥金融对资源的配置功能,将是推动中国与"一带一路"沿线国家共同发展的有效保障。本节将深入分析中国企业参与"一带一路"建设过程中面临的短期货币风险、中长期风险等宏观经济因素和自身因素等风险来源,为投融资决策提供参考。中国企业在配合实施"一带一路"倡议时面临较大的不确定性,既包括东道国经济动荡、金融危机等引发的资产贬值、汇兑限制和汇率动荡等金融风险,也包括沿线国家政局动荡所引发的地缘冲突风险,这些风险可能为企业开展经贸合作蒙上阴影。

(一)宏观经济因素

一方面,新兴市场的潜在汇率波动有可能导致资本收益流失;另一方面,一般而言汇率的危机是"果",大多由基本面不良的"因"造成,货币危机处理不当很容易演变为流动性危机、经济危机甚至引

第十三章 "一带一路"倡议下跨国公司的投融资决策

发政局动荡。因此做出跨境资本合作的决策之前需要充分评估汇率基本面的情况。以下从短期货币风险和中长期经济风险两个方面来分析。

1. 从短期货币风险来看，主要有以下几个表现[①]：

（1）外债比例高的国家更容易发生资本外逃，考虑到过去十年流动性泛滥潮中国际资本大多以外债形式流入，外债比例过高不利于进行国际再融资。2017年世界银行数据显示，塔吉克斯坦（7514%）、爱沙尼亚（5339%）等国在此方面风险较高。

（2）汇率制度僵化的国家，并不能及时反映与应对汇率波动，并且若紧急情况下更改为浮动汇率制度，极易对市场信心造成巨大冲击，恶化汇率形势。按IMF2014年的报告，仍有塔吉克斯坦、文莱、东帝汶、立陶宛、波黑、哈萨克斯坦实施硬钉住汇率制度，风险较大，其余国家均实施软钉住或浮动汇率制度，能够有效缓解汇率风险。

（3）经常账户大幅逆差。对于"一带一路"沿线各国来说，很多国家处于产业发展落后、能源受制于人、严重依赖进出口的状态。在当前全球经济下行的背景下，这样的情况将进一步扩大经常账户逆差，投融资可能逐渐呈退出趋势。选取指标为经常账户余额/GDP，此方面风险较大的国家有东帝汶（-86.07%）、吉尔吉斯斯坦（-30.13%）、老挝（-23.23%）、黎巴嫩（-25.92%）、阿富汗（-20.93%）。

2. 从中长期经济风险来看，经济风险最高的七个国家分别是埃及、也门、白俄罗斯、摩尔多瓦、土耳其、缅甸、蒙古国。这些国家亟须改革来稳定国内的政治与经济局势。

（1）财政部门赤字率较高，政策调整空间有限。数据选取指标为财政盈余/GDP，此方面风险较大的国家有阿曼（-16.47%）、沙特

[①] 本部分数据来源包括：Wind、IMF数据库、世界银行、BIS、UNCTAD、民生证券报告，并进行了一定的整理运算，如未特别说明，数据更新至2017年。

阿拉伯（-15.92%）、巴林（-15.05%）、文莱（-14.51%）、埃及（-12.92%）；

（2）私人部门债务过高，高杠杆风险累积压力大，容易引发危机。选取指标为私人部门债务余额/GDP，此方面风险较大的有泰国（151.26%）、新加坡（129.75%）、马来西亚（125.25%）、越南（111.93%）、黎巴嫩（106.6%）；

（3）失业率与通货膨胀持续的高水平可能触发政治局势的不稳定。如塞尔维亚（22.1%）、波黑（27.5%）、马其顿（28%）；而通胀可能诱发滞涨，阻碍经济复苏，如捷克（34%）、白俄罗斯（13.53%）、也门（10.97%）、缅甸（10.8%）、埃及（10.36%）。

（二）项目本身因素

"一带一路"倡议的基本原则是共商、共享、共建，投融资的基本目标可以总结为设施联通、政策沟通、资金融通、贸易畅通与民心相通，中国能够为"一带一路"沿线国家提供高质量的基础建设，包括港口、机场等；能够帮助沿线国家提升能源技术，实现技术与资源的互补。"一带一路"项目本身是具有吸引力的，但跨国基础设施建设投融资自身长周期、收益低、不确定性等诸多问题制约了这些项目的合作与推进。"一带一路"项目受所在国环境因素影响非常大，即便针对项目进行了担保也可能受政府违约影响造成重大的经济损失，因此不利于中国与"一带一路"沿线国家开展金融合作。

三 "走出去"企业积极面对决策风险

（一）树立保险意识

"一带一路"沿线国家多为发展中国家，甚至很多国家面临着政治不确定性因素、民族问题等，面临的风险相比国内投资和对欧美国家投资要多样，且不确定性更强，大多数发展中国家不具备风险转移的能力。随着中国企业"走出去"越发频繁，针对"一带一路"相关项目发展更成熟的保险业务，为中国公司的海外投资保驾护航。

第十三章 "一带一路"倡议下跨国公司的投融资决策

我们以中信保为例进行分析，中信保受政府支持，也是中国企业当前出口的主要保险提供方。针对海外投资中可能受到的政治风险影响，通过海外投资险、出口信用保险等政策性保险转嫁信贷风险。目前保险业针对企业海外投资的业务相对较少，缺乏创新，因此针对"一带一路"倡议的各种风险问题，要开发和配置各类险种，保障参与主体的各项权益。

（二）坚持避险原则

"一带一路"微观项目的决策与策划，总体上来说应按照"尊重规律，立足现实，循序渐进，不骄不躁，确保共赢"的规划原则进行。整体上要防范风险保持可持续性，通过风险分散等手段进行投融资风险管理；对于项目微观层面的决策，按照事物与经济发展一般规律进行分析，以稳为主，不冒进不激进。大体上可以按照国际贸易融资风险管控的普遍原则进行决策，即回避原则——不超出国家的限制范围；分散原则——保持资产结构多样，分散风险损失；风险抑制与转移原则——对风险因素要有一定监控与应对措施。

第二节 "一带一路"倡议下跨国公司的投融资方式与风险评估

2018年4月，国家发改委联合六部门发布《关于引导对外投融资基金健康发展的意见》，重点提出了优化募资方式、提升运行效率、完善监管体系、强化服务保障4个方面共12项政策措施，为"走出去"企业进行投融资决策指明方向，拓展对外投融资基金，与包括世行、亚投行、亚开行等多边金融机构开展对接与合作，共同推进"一带一路"建设，促进国际产能合作。

一 "一带一路"投融资决策之优化募资方式

"一带一路"相关国家包括很多新兴市场国家，它们一方面存在

"一带一路"与跨国公司金融管理

很大的经济增长和基础设施发展空间,另一方面"一带一路"沿线国家在资源禀赋上与中国互补,这给中资金融机构尤其是中资商业银行提供了巨大的发展机遇。相关国家国内资金供给严重不足,虽然中资金融机构已通过各种方式向"一带一路"沿线项目建设提供了大量资金支持,层次清晰、粗具规模的金融合作网络也已形成,但资金规模方面仍有较大的发展空间。

(一)拓宽社会资本参与渠道,支持国内各类机构参与出资

目前中国参与"一带一路"倡议合作的多数是央企,依靠来自丝路基金等政策性支持开展跨国投融资,鉴于之前所述的风险因素以及民企难以获得政策性支持的现实,民企的参与度不够高,即使有所参与也多是通过承包项目而非直接投资,民营企业通过投资一般是通过投资产业园建设获得市场资源、低成本要素。政府需要采取更为包容的态度,鼓励民营机构参与"一带一路"建设,按照国内相关要求募资并给予平等待遇。

目前几种类型的基础设施建设项目中,政府主导型项目时常面临政府负债空间不足,银行难以向政府提供大额授信的问题;而市场主导型的项目,一般由政府部门或政府代理部门采用PPP或BOT特许经营模式,但中国公司常常面临投标综合成本比较高、中标几率低的问题;公司主导型项目,前期投入高,耗时长,当地政府批准与否变数多,后期资本投入量也大,回报时间长,回报率不确定,令很多企业望而却步。以下针对不同类型的金融机构参与社会融资的情况进行说明:

1. 国内政策性金融机构——国开行、进出口银行

政策性银行参与"一带一路"倡议主要表现为提供融资及财务咨询服务,通过商业贷款(单个银行授信/银团贷款)、优惠买方信贷、援外贷款、出口信用保险、设立国别/产业基金等为境内外企业、大型项目等提供低成本融资支持。

政策性银行为"一带一路"项目提供融资的模式:

第十三章 "一带一路"倡议下跨国公司的投融资决策

（1）提供商业信贷（优惠信贷、两优信贷等）；

（2）设立投资（合作）基金进行股权投资，通过兼并收购、控股投资、重要少数股权投资、债权等多种形式投资"一带一路"沿线国家或地区的基础设施、能源矿产、高新技术、制造业、农业和金融等领域。

（3）设立基金。以中国进出口银行为例，其发起建立了中国—东盟投资合作基金，参与设立了丝路基金。通过投贷结合等创新模式为企业提供一揽子金融服务，推动"一带一路"重大项目落地，通过多元化投融资方式为"一带一路"建设中的多边、双边互联互通提供投融资支持，建设项目有肯尼亚蒙巴萨—内罗毕标准轨铁路项目、亚吉铁路项目等。

表13-1展示了政策性银行——国开行在"一带一路"建设中的融资服务。

表13-1　　国开行在"一带一路"建设中的主要融资服务

类型	主要用途
外汇中长期项目贷款	主要用于基础设施建设或制造业相关的项目领域
境外人民币项目贷款	经过审核，发放币种为人民币的贷款
国际银团贷款	少数银行牵头，其他银行及金融机构参与，通过贷款协议为企业提供融资
出口买方信贷	直接向外国的进口厂商、政府机构或银行提供贷款

2. 商业性金融机构——四大国有商业银行

四大国有商业银行本身是跨国业务额最大的四家银行，在"一带一路"项目投融资领域占据主导地位，也一直积极推动中资银行在"一带一路"沿线的布局，中国工商银行和中国银行是"一带一路"金融覆盖最广的中资银行，也是最早开展跨国金融业务的两家银行。依托两家银行在"一带一路"沿线近两百家分支机构和丰富的跨国金融服务经验为跨国公司提供投融资业务。四大国有商业银行通过银

"一带一路"与跨国公司金融管理

行授信、银团融资、发券融资为参与"一带一路"倡议的跨国公司提供融资服务,此外也根据公司实际需求提供多样化的跨境金融服务、咨询、风险管理等新业务。从服务对象看,主要是服务于"一带一路"沿线国家的基础设施建设与进出口贸易。政府也会通过采取差异化的信贷政策根据合作重点提供政策倾斜,引导投融资体系形成。

"一带一路"沿线国家的项目融资多集中于银行贷款,其中"走出去"企业又以出口买方信贷为项目融资主流。基建领域大多属于资本密集型领域,且投资期限长,对银行资本消耗大,所以对该领域的投资多为银团贷款。

表 13-2　四大国有商业银行对"一带一路"沿线国家的项目服务

类型	主要用途	优缺点	代表项目
银行授信	由国内银行向国外业主提供以美元、欧元为主的中长期优惠贷款,主要用于国外进口商购买本国的船舶、飞机、汽车等机电产品。	优点在于项目的资金问题仅存在于项目建设期间,缺点在于参与方太多,款项落实慢	收购(秘鲁)嘉能可邦巴斯铜矿项目、中行对安徽海螺水泥股份有限公司提供授信
银团贷款	少数银行牵头,其他银行及金融机构参与,通过贷款协议为企业提供融资	优势在于筹款金额大、周期较长、风险较小	同江中俄大桥项目
境内外债券融资	商业银行在选择融资方式时也多青睐于债券融资,并且同时为中资企业提供境外债券承销业务	优点是风险低、成本低	建行发行"海上丝绸之路"离岸人民币债券、中行发行"一带一路"债券
跨境金融服务	"商行+投行"模式,通过推出包含投行、银保、基金及融资租赁、对外担保、风险参与等多元化、一体化金融服务"走出去"	商业银行操作方便、国外利率融资成本低	推出跨境人民币境外放款、跨境人民币贷款、跨境人民币双向资金池、融资租赁贷、商业保理贷等多项产品

第十三章 "一带一路"倡议下跨国公司的投融资决策

中国银行针对"一带一路"建设项目提出了金融大动脉战略，其主要融资方式为授信、发行境外债券、提供境外保险、与其他金融机构开展双边/多边合作等。工商银行主要借助全球融资、投资银行、金融租赁等投融资产品线的发展，在产业转移、国际产能合作、优势产能输出等领域支持中资企业"走出去"。农业银行推出跨境并购贷款、出口信贷、特险融资、内保外贷、境外发债、产业基金等一系列"走出去"金融产品，为"走出去"企业提供打通境内外、覆盖全流程的一体化融资服务。

"走出去"企业在进行投融资决策时，应该尽可能发挥开发性金融的杠杆作用，提升开发性金融的效力。有三个方面值得探讨：第一，如何充分利用资金进行开发性金融中的股本投资进而撬动债务融资？第二，尽可能多地采取 PPP 模式进行，吸引当地部门、私营机构参与到跨国公司的投融资决策中。第三，投融资决策应注意项目的正向外部效应，打造有示范效应与可持续性的项目。

（二）加强与国际金融组织合作

按照中央关于引导投融资基金发展的相关意见，积极推进与世行、亚投行、亚开行等国际金融机构合作，扩大推进"一带一路"倡议投融资决策机构的朋友圈，在金融层面上进一步深化对外开放与国际产能合作。

1. 传统国际多边金融机构

"一带一路"融资的传统国际多边金融结构主要为世界银行和亚洲开发银行。世界银行中主要贷款机构为 IBRD，小部分为 IDA。亚开行本身是通过为其成员提供贷款、赠款、技术援助等致力于亚洲和太平洋地区的脱贫工作，以贷款为主要资金支持方式，在推进"一带一路"倡议时应注意与亚开行联合融资等相关合作的开展，进一步促进地区的互联互通。

2. 新兴多边开发性金融机构

自 2015 年以来，中国主导建立的多边国际金融机构——亚洲基

"一带一路"与跨国公司金融管理

础设施投资银行（AIIB）取得了巨大发展，从成立之初的 57 个成员发展到 2019 年 4 月的 97 个成员。亚投行以发展亚洲地区基础设施为主要宗旨，截至 2018 年已决策投资 28 个项目，涉及十余个国家，承诺投资超 110 亿美元。从投资对象看，70% 投向了基础设施建设，也涉及金融机构合作、资源能源开发、跨国产能合作等领域，其中能源、交通、城市发展为主要优先领域；从投资构成来看，超过 70% 为股权融资，以联合融资为主，同时积极开展金融中介项目，与地区投融资基金展开合作。除了财务的可持续性，亚投行的投资决策中，生态与社会效益也是重要的考虑因素。

类似的金融机构还有 2015 年在上海成立的主要关注金砖国家及其他新兴经济体投资的金砖国家新开发银行（BRICS New Development Bank）。其建立目的在于规避国际金融危机，在金砖国家间构建金融安全网，为基础设施领域与可持续发展项目提供融资与贷款等。主要进行的项目包括思科绿色可再生能源项目、白石滩电站项目等。金砖国家处在"一带一路"的重要通道上，金砖国家组织将为"一带一路"倡议的开展提供重要的机制支撑和保障，成为丝绸之路经济带建设中规划合作和对接机制的重要平台。

二 对外投融资的主要方式

商务部 2018 年统计数据显示，中国全年对外直接投资达 1298.3 亿美元，呈现稳定增长趋势，其中非金融类直接投资超 1200 亿美元，15.9% 流向制造业，特别是装备制造业。根据目前的外汇监管形势，银行在符合现行监管要求的前提下能否为企业提供合法、合规、合理的资金出境方式，会直接影响企业对外投资的成败。结合中国金融部门服务"走出去"的现状，可采取的融资方式主要有以下三种：

（一）ODI（境外直接投资）

中国外汇管理局对于出境资金的监管以"控流出、扩流入、降逆差"为主，因此境内企业想要开展境外投资需要严格遵循资金出境监管政策及了解境外投资态势，基于真实性至上的原则，按照各类资金出境方式的国家政策要求选择适合的 ODI 方式，主要涉及的资金出境方式包括融资租赁/跨国公司资金池调拨等。需要注意，涉及敏感国家、敏感行业的境外直接投资需要核准或备案，由经信委、发改委、银行等一系列机制完成境外直接投资。

（二）跨境担保

跨境担保，以境外企业为借款主体，按照国家外汇管理局规定分为境外放款与境内担保两种形式，具体又包括全球授信与内保外贷两种模式。无论哪种模式，都需要取得国家相关管理部门的备案审批，涉及的境内外资金需要符合当前国家的监管规定。

全球授信是指基于境内母公司对其海外分支机构的连带责任担保机制，境内银行通过其海外机构对跨国公司的境外成员企业授信，一般来说是经母公司同意，银行审批通过，由境内银行海外机构具体操作并执行监管和贷后管理。

内保外贷的区别则在于申请者为境内企业，境内银行避免国家之间的税法差异，为境外银行提供跨境担保并提供跨境融资，是更结合当地实际情况而进行的跨境担保措施。流程与全球授信基本相似。

（三）境外发债

此类融资需要境内企业满足几个要求：（1）取得国际三大评级机构评级；（2）具有融资成本优势；（3）获得境内相关政府部门审批。

满足要求的企业直接或通过境外主体发债募集用于境外项目的资金。通过境外主体募集能够借由相关协议或债务承诺增信。

第三节 "一带一路"倡议下跨国公司投融资决策困境及政策建议

在"一带一路"倡议下的投融资决策应注意以下几点：第一，合理安排与其他国家在政策、金融、贸易方面的合作；第二，引导国内各地区企业参与到"一带一路"倡议的投融资中；第三，推动"一带一路"建设中投融资决策的具体落地。

一 投融资决策困境

（一）投融资模式较单一

由于中国金融机构"走出去"相较于产业跨国合作有一定的滞后性，所以在中国企业"走出去"过程中的投融资选择相对较为单一，缺乏完善合理的多元投融资机制。针对"一带一路"涉及的主要产业的投融资现状，PPP模式是综合考虑母国企业与东道国发展较为合理的选择，但在实践中，政府对于央企/国企高管的年度和任期考核与激励制度不适应长期的BOT/PPP项目，国内商业银行参与对外投资BOT/PPP项目的意愿不强、参与度不高，大大阻碍了中国企业参与对外投资BOT/PPP项目。

（二）沿线国家政情复杂、宗教文化差异大

对于"一带一路"沿线国家来说，进行投融资决策不仅需要考虑经济因素，还需要考虑沿线国家政局的不稳定因素、该国排华情绪、恐怖组织、民族团结状况等。这些影响经济环境稳定的因素会影响外商直接投资的决策。也正因如此，在推进"一带一路"倡议的过程中，需要在适当环境下利用经济、外交等手段维护本国企业权益。

（三）产业链较短

对于"一带一路"沿线国家来说，加快基础设施建设的意愿固然迫切，但同时它们更为关注的是基础设施建设与当地生产的耦合性。它们希望通过基建的强力拉动力，带动所在国上下游相关产业的发展。这些国家日益注重区域和系统的整体开发，越发需要市场能够提供从规划、设计、融资、投资、运营到相关市场开拓的全产业链、全生命周期的"一揽子"解决方案。以中铁十七局在柬埔寨建设铁路为例，柬方不仅要求中方建设施工，还要求中方提供包括研究勘察、设计、投资、建设、运营，到后面整体的推进以及与相关配套连接起

来的"一揽子"方案。可见，国际市场的需求侧发生了新变化，对国内企业"走出去"提出了更高的要求。

当前中国在融入全球产业链的过程中，并没有摆脱"低端锁定"的问题，以订单式生产为主要营收方式凸显企业的创新力不足。因此，中国在"一带一路"沿线生产加工链、服务链等不够完整、较短且摩擦大，在东道国产生负面影响。产业链越长，说明行业发展得越细致，就业岗位越多、原材料的利用越充分，附加值会越高。

二 PPP项目的投融资决策

跨国公司"走出去"面临参与全球价值链并向上攀升的要求，我们选取在"一带一路"倡议中，解决基础设施建设的资金问题最有潜力，也是在客观条件下最合适的主流投融资方式——PPP模式进行进一步的深入分析。

第一，对于中国"走出去"企业，应该按照当期市场规则进行市场运作，建立一套对于跨国公司、民营公司有吸引力的融资机制，加强政府引导，牵头促进民营公司参与到与当地企业的合作中，通过财税政策吸引民营公司参与，同时注意与东道国、中国政府、参与项目主体利益的结合。

第二，中国应逐步开放金融市场，扩大直接融资对于PPP项目的支持力度。一方面需要增强对境外PPP项目主体在境内资本市场募资的包容性，为境外企业提供股权融资等多方面的金融支持；另一方面，加强与国际金融组织、多边开发金融机构的合作，通过包括世行、亚开行在内的金融机构的市场机制运作，开展一批具有示范影响力的基础设施建设项目。

第三，加强企业风险管理能力建设。中国最近连续出台对外投融资管理相关政策文件，体现了国家正在加速完善境内企业在对外投融资中可能遇到的问题的应对方案。由此，参与"一带一路"倡议的各跨国公司也应该根据东道国国情、产业特征，加强风险应对管理能力建设，强化企业社会责任意识，保持企业竞争力。政府相关部门应定期对企业参与海外投资可能遭受的政治风险、经济风险进行监测。

三 政策建议

（一）基于供给侧改革构建"一带一路"倡议下的产业结构升级机制

在跨国生产贸易链的布局上，可以参考纺织业等购买型驱动生产链，采取"中国+周边国家"的形式展开产业布局，结合沿线国家的地理优势合理安排产业链的各个环节。中国开展"一带一路"倡议相关工作，一方面可以结合沿线国家的资源禀赋进行高效的市场开发，另一方面，以完善产业链形式推进的产业发展有助于提升中国在欧美等发达国家所处的全球市场中的地位。这种产业布局将进一步完善以制造业为首的生产贸易链，促进中国与"一带一路"沿线国家特别是周边的东盟国家产业的协调发展，推进产能合作，构建中国在全球价值链中纵向整合的新格局。

具体来说，一是要构建以"一带一路"为串联的全球价值链升级战略协同机制，在传统的中国与欧美国家制造业构建的生产链的基础上，打造中国"一带一路"沿线国家生产链，形成双环流机制，重新塑造中国参与全球价值链与国际分工的基本格局；二是在生产链重构基础上，结合国内需求扩充市场基本需求，加速培育高端生产链，使之成为中国"一带一路"沿线国家生产链的引领者，从而进行制造业层面真正意义上的供给侧改革，构建新的市场供给结构；三是构建"互联网+产业"跨界协同机制，实现要素流动，打造连接资本端和资产端的信息链，通过信息化水平提升生产能力。

（二）加强与沿线各国基础设施建设及制造业合作

加强与"一带一路"沿线国家的基础设施建设、制造业合作以及优化与之相配套的金融服务是"一带一路"倡议合作的核心内容。"一带一路"沿线国家的基础设施建设的重要特点在于资金需求大、周期长、风险大,这也是很多私营部门进行跨国投融资的顾虑点。因此跨国投资基础设施的初期,来自公共部门的投资主体提供所需资金;后期,随着项目本身的进一步发展,吸引私营部门的投资。

重点关注制造业合作,"一带一路"沿线国家在基础设施建设领域的巨大需求与中国在基建领域上的优势互补决定了制造业合作的巨大潜力。中国企业的大量参与将有助于释放中国工业生产的产能,并帮助中国经济向新的增长模式平稳过渡。然而,这也导致部分"一带一路"沿线国家对所谓"出口过剩产能"的担心,特别是那些低收入而资源丰富的国家。它们担心中国的"一带一路"倡议将加大其陷入"贫困化增长"和罹患"荷兰病"的风险——即经济过分依赖于资源部门而工业化进程因此受挫。通过制造业合作促进中国与"一带一路"沿线国家在基础设施领域、金融领域的合作,推动中国向"一带一路"沿线国家的产能转移。对"一带一路"国家的制造业投融资,既可以及时为境内企业开发资源及市场,也可以帮助沿线国家提升在全球价值链中的地位。

(三) 积极落实"一带一路"金融基础建设

1. 要积极拓宽融资渠道,提升融资的有效性。针对"一带一路"沿线国家的不同特点制定有效的投融资方案,发挥资本在基础设施建设这一"一带一路"倡议核心项目中的作用,建立多种融资机构,扩大融资渠道。

2. 落实人民币在"一带一路"沿线国家的专项信贷、跨境结算与自由兑换。专项贷款,可以引导社会资金充实境外人民币资金池,不仅能解决建设资金缺口问题,还可以促进沿线国家完善便利人民币资金流动的金融基础设施,有利于扩大人民币在全球金融市场中的规模和提高其流动性,以中长期投融资方式防范国际热钱的短期炒作,形成境内外人民币资金良性双向循环。

3. 促进资本市场的成熟与完善。主要解决企业在上市、融资时遇到的问题,如企业上市成本高、退市制度有待进一步完善、私募基金退出机制不完善、企业 IPO 的门槛较高等。同时相关的法律体系建设需要及时跟上，现有法律一些规定不明确，如关于应收账款抵押的法律依据不足阻碍了供应链融资的发展，《保险法》《票据法》有待进一步完善。

(四) 技术手段辅助投融资决策

1. 大数据与区块链

大数据对于产业数据、政府数据、互联网数据的深度分析，区块链对于供应链金融的风险控制，有助于完善基于生产贸易链的征信体系，构建"一带一路"沿线国家数据标准体系，为中国与"一带一路"沿线国家产能合作等项目的风险评估、发展规划等提供参考依据，进一步构建风险低、产业链完整的贸易、金融、产业合作复合生态。

2. 物联网

物联网是串联资产端与资金端的有效工具。物联网传感技术，可以连接商品的各项基本信息与商品交易等金融相关数据，能够有效反映产品市场的发展状况、供求关系，为参与"一带一路"倡议的金融机构提供有效反馈，是产业与金融支持展开的重要基础。

(五) 供应链产融结合

跨国公司在参与"一带一路"倡议的过程中布局金融有益且有必要。既能够为企业在沿线国家的业务开展提供必要的金融支持，也能够为企业所处的产业链上其他企业提供必要的资金支持。以海尔公司为例，依托自有的海融易互联网平台构建供应链金融，通过为产业链上的企业提供信用担保依托，有效串联公司产业发展的资金流、信息流与商流，更积极的影响是，基于生产贸易链的信用体系能够通过金融工具满足产业链其他企业的差异化需求。

需要注意到的是，发展供应链金融不仅是中央加强金融服务实体经济的有效措施，还帮助中小企业解决金融与产业发展信息不对称问题，加速了整个产业链、资金端、资产端协同发展，是构建参与"一带一路"建设乃至中国"走出去"跨国公司新生态的重要一步。

参考文献

碧红：《浅析我国企业外币报表折算方法的选择问题》，《会计之友》2005年第9期。

蔡征明：《"一带一路"下的民营企业投融资对策》，《中国外资》2018年第2期。

曹继娟：《我国跨国企业的经营风险评估研究——基于风险矩阵的方法》，硕士学位论文，广东外语外贸大学，2009年。

常民庆、张永辉：《高新技术企业的生命阶段、风险及融资特征》，《全国流通经济》2007年第9期。

陈红川：《高新技术企业技术风险研究》，《西南金融》2008年第7期。

陈怀超、范建红：《制度距离下中国跨国公司并购与绿地的选择——基于组织合法性的视角》，《世界经济研究》2013年第12期。

陈利君：《孟中印缅经济走廊与"一带一路"建设》，《东南亚南亚研究》2015年第4期。

陈润华：《QR公司外汇风险管理研究》，硕士学位论文，安徽大学，2017年。

陈四清：《完善"一带一路"金融服务体系》，《中国金融》2017年第8期。

陈涛：《我国跨国公司金融服务需求分析与对策研究》，《时代金融》2015年第32期。

陈艳艳、罗党论：《地方官员更替与企业投资》，《经济研究》2012 年第 47（S2）期。

陈玉梅：《试论我国人民币汇率风险的管理》，《辽宁商务职业学院学报》2004 年第 2 期。

成金华、童生：《中国石油企业跨国经营的政治风险分析》，《中国软科学》2006 年第 4 期。

程宫峻：《跨国公司财务风险预测的分析》，《现代经济信息》2017 年第 12 期。

褚嘉璐：《跨国公司财务管理策略浅析》，《对外经贸》2017 年第 8 期。

邓舒怡：《"一带一路"战略下的国际税收协调研究》，《海南金融》2017 年第 12 期。

丁桂琴：《论跨国公司的财务风险管理》，《财会学习》2018 年第 9 期。

丁君风：《跨国公司的政治风险管理对策及其对我国的借鉴》，《世界经济与政治论坛》2006 年第 2 期。

范祚军等：《"一带一路"国家基础设施互联互通"切入"策略》，《世界经济与政治论坛》2016 年第 6 期。

方星海：《用资本市场支持"一带一路"》，《中国金融》2017 年第 9 期。

高臣、马成志：《"一带一路"战略下中国企业"走出去"的跨文化管理》，《中国人力资源开发》2015 年第 19 期。

高杰英、王婉婷：《国际金融治理机制变革及中国的选择》，《经济学家》2016 年第 8 期。

高丽：《中国资源型企业国际化经营风险辨识与控制研究》，博士学位论文，中国地质大学（北京），2011 年。

耿勇：《供应链金融 打造"一带一路"产融结合新生态》，《大陆桥视野》2018 年第 5 期。

龚文鹏：《"一带一路"背景下企业财务战略选择》，《经贸实践》2017年第9期。

管永昊、董佩云、张雁：《国际避税的新模式及应对思考》，《兰州财经大学学报》2015年第6期。

广西壮族自治区国家税务局课题组：《中国与东盟四国吸引跨国公司地区总部的税收政策比较研究》，《涉外税务》2008年第3期。

郭飞：《外汇风险对冲和公司价值：基于中国跨国公司的实证研究》，《经济研究》2012年第9期。

郭桂霞等：《我国"走出去"企业的最优融资模式选择——基于信息经济学的视角》，《金融研究》2016年第8期。

郭江、刘路：《中外资银行对跨国公司的服务现状比较》，《财经科学》2008年第1期。

郭立甫、黄强、高铁梅：《中国外汇风险的识别和动态预警研究》，《国际金融研究》2013年第2期。

郭晓立、李柏山：《跨国企业经营风险的管理》，《工业技术经济》1994年第1期。

郭永清：《"一带一路"背景下企业的税务风险管理》，《冶金财会》2017年第11期。

国家发展改革委、外交部、商务部：《推动共建丝绸之路经济带和21世纪海上丝绸之路的愿景与行动》，《人民日报》2015年3月29日第4版。

韩继坤：《企业技术创新过程中的技术风险与控制策略》，《区域经济评论》2007年第1期。

何锐：《"一带一路"背景下中资跨国公司外汇风险管理研究——以Z公司为例》，硕士学位论文，中南财经政法大学，2017年。

贺鉴：《一带一路建设重塑全球经济治理》，《中国社会科学报》2018年1月11日。

贺宇轩：《KF公司融资风险管理研究》，硕士学位论文，黑龙江八一农垦大学，2017 年。

洪霄、徐林：《跨国公司如何防止核心技术的扩散》，《商场现代化》2008 年第 5 期。

胡德和杨：《跨国企业的全球化经营与经济发展》，中国社会科学出版社 2006 年版。

胡习文：《跨国公司外汇风险管理研究》，硕士学位论文，首都经济贸易大学，2015 年。

黄邦定：《跨国公司外汇风险管理研究》，《全国流通经济》2016 年第 2 期。

黄丽娟、郭进：《"一带一路"战略面临的政治风险与中国的战略选择》，《青海社会科学》2017 年第 1 期。

黄凌云、罗琴、刘夏明：《我国跨国公司 OFDI 的市场效应——基于不同所有制企业的分析》，《国际贸易问题》2014 年第 12 期。

黄诗奋：《汇率风险的管理》，《中国西部科技》2005 年第 10 期。

黄亦君：《人民币升值与我国跨国企业外汇经营风险管理策略》，《北方经济》2006 年第 12 期。

计金标、应涛：《"一带一路"背景下加强中国"走出去"企业税制竞争力研究》，《中央财经大学学报》2017 年第 7 期。

纪琳、王杰、王黎明：《中国跨国公司国际化发展特点、问题与对策》，《商业经济研究》2018 年第 18 期。

江小涓：《跨国投资、市场结构与外商投资企业的竞争行为》，《经济研究》2002 年第 9 期。

蒋姮：《"一带一路"地缘政治风险的评估与管理》，《国际贸易》2015 年第 8 期。

蒋志刚：《"一带一路"建设中的金融支持主导作用》，《国际经济合作》2014 年第 9 期。

金惠卿、杨宏：《中国资本项目开放的现状、利弊和对策》，《西南金融》2014 年第 1 期。

李广学、张锋：《经济全球化中的企业经营风险》，《内蒙古经济管理干部学院学报》1999年第1期。

李建军、马思超：《丝绸之路经济带核心区基础设施投资估计与融资模式探析》，《新疆财经》2016年第1期。

李俊峰、李彬：《投资主体决策异质性与货币政策效果差异》，《经济理论与经济管理》2011年第5期。

李苗苗、尹文凤：《"一带一路"背景下"走出去"企业财务风险研究》，《商场现代化》2017年第9期。

李敏波、王一鸣：《双轨制、价格市场化与总量投资分析》，《经济学》（季刊）2008年第1期。

李书剑：《如何规避中国对"一带一路"沿线国家投资的政治风险》，《大连民族大学学报》2016年第4期。

李忆：《我国商业银行国际贸易融资创新研究》，硕士学位论文，浙江大学，2018年。

李治国、唐国兴：《资本形成路径与资本存量调整模型——基于中国转型时期的分析》，《经济研究》2003年第2期。

利艳彦：《W公司规避外汇风险策略的研究》，硕士学位论文，武汉工程大学，2017年。

梁琦：《跨国公司海外投资与产业集聚》，《世界经济》2003年第9期。

林峰：《面向某跨国公司本地化研发的风险管理研究》，硕士学位论文，中国科学院大学，2015年。

刘斌：《中国跨国公司成长特征与路径选择》，《企业管理》2018年第11期。

刘际昕：《"一带一路"的地缘政治风险及其应对》，博士学位论文，吉林大学，2017年。

刘小勇：《"一带一路"倡议中建筑企业"走出去"的财务风险防范》，《财政监督》2018年第13期。

刘彦君：《"一带一路"战略下中俄区域经济合作研究》，博士学位论文，东北财经大学，2016年。

刘志彪：《基于内需的经济全球化：中国分享第二波全球化红利的战略选择》，《南京大学学报》（哲学·文科学·社会科学）2012年第2期。

卢进勇、陈静、王光：《加快构建中国跨国公司主导的跨境产业链》，《国际贸易》2015年第4期。

卢进勇、蓝庆新、王辉耀：《中国跨国公司发展报告》，对外经济贸易大学出版社2017年版。

陆栋生：《中国跨国公司发展理论与路径拓展》，《上海经济研究》2017年第4期。

路遥：《"一带一路"倡议下国际投资中跨国公司环境责任研究》，《求索》2018年第1期。

吕晖、李建平：《金融衍生工具在企业外汇风险管理中的运用》，《财会研究》2009年第5期。

罗雨泽、汪鸣、梅新育、许利平、王义桅、史育龙、王佳宁：《"一带一路"建设的六个"点位"——改革传媒发行人、编辑总监王佳宁深度对话六位知名学者》，《改革》2015年第7期。

毛勇兵：《"一带一路"战略中的政治风险及其防范》，《克拉玛依学刊》2017年第1期。

苗永旺、王亮亮：《全球金融危机与国际金融监管框架变革》，《亚太经济》2010年第1期。

那军：《跨国公司技术创新要素国际流动的风险及控制》，《科技管理研究》2011年第5期。

潘素昆、代丽：《中国企业技术获取型对外直接投资风险量化与评估》，《工业技术经济》2014年第12期。

漆彤：《论亚投行对全球金融治理体系的完善》，《法学杂志》2016年第6期。

乔路：《人民币汇率变动与会计核算中的折算风险》，《会计之友》2011年第17期。

乔元娇：《基于新形势下企业加强外汇风险管理的对策分析》，《中国国际财经》（中英文）2017年第24期。

乔章凤：《"一带一路"倡议下企业跨国投资的风险及防范》，《国际经济合作》2017年第11期。

屈信明：《亚投行对中国参与全球金融治理的影响》，《中国国际财经》（中英文）2018年第8期。

任晓臣：《跨国公司财务风险预测研究》，硕士学位论文，西华大学，2008年。

单宝：《中国企业跨国并购热中的风险因素及其规避措施》，《生产力研究》2007年第3期。

单武斌：《"一带一路"战略下的国际区域经济合作及其效应分析》，硕士学位论文，浙江大学，2016年。

尚军：《"一带一路"建设背景下我国对外投融资模式多元化研究》，《西部金融》2018年第2期。

尚涛、殷正阳：《"一带一路"背景下我国跨国生产链重构与产业结构升级研究》，《产业创新研究》2018年第7期。

申现杰、肖金成：《国际区域经济合作新形势与我国"一带一路"合作战略》，《宏观经济研究》2014年第11期。

沈志远：《"一带一路"倡议下税收协定助力中国企业"走出去"的思考》，《财经理论研究》2017年第1期。

盛军、胡筱曼：《"一带一路"战略下外汇风险暴露研究——基于国际财务管理视角》，《金融经济》2017年第16期。

帅晓林、江如霞：《我国外贸企业外汇风险管理现状及对策》，《新西部》（理论版）2016年第23期。

宋浩、袁悦：《跨国企业的汇率风险及其策略研究》，《现代经济信息》2016年第14期。

孙晓辉、陆迁：《浅析企业折算风险的管理》，《商场现代化》2009 年第 3 期。

孙亚男：《中国企业海外投资风险防控研究》，硕士学位论文，西安建筑科技大学，2018 年。

孙烨、吴昊洋：《丝绸之路经济带的基础设施资金需求与投融资经济决策》，《经济问题探索》2017 年第 3 期。

孙翼瑶：《"一带一路"战略下企业财务风险与应对》，《现代企业》2017 年第 7 期。

汤亮：《跨国公司汇率风险管理研究》，博士学位论文，华东师范大学，2007 年。

陶醉：《跨国公司投资决策的税收筹划研究》，硕士学位论文，云南财经大学，2014 年。

田离原：《完善中国反国际避税法律的对策研究》，《法制与经济》2016 年第 3 期。

童生、成金华：《我国资源型企业跨国经营的政治风险及其规避》，《国际贸易问题》2006 年第 1 期。

汪思琦：《"一带一路"新形势下的金融投资现状与风险探讨》，《中国市场》2018 年第 21 期。

王达、项卫星：《亚投行的全球金融治理意义、挑战与中国的应对》，《国际观察》2015 年第 5 期。

王皓：《企业外汇风险管理研究》，硕士学位论文，西南财经大学，2011 年。

王洛林、江小涓、卢圣亮：《大型跨国公司投资对中国产业结构、技术进步和经济国际化的影响（上）——以全球 500 强在华投资项目为主的分析》，《中国工业经济》2000 年第 4 期。

王敏、柴青山、王勇、刘瑞娜、周巧云、贾钰哲、张莉莉：《"一带一路"战略实施与国际金融支持战略构想》，《国际贸易》2015 年第 4 期。

王文静：《"一带一路"战略下的跨境税收问题初探——基于公司所得税法和国际税收协定的比较》，《财经法学》2016年第2期。

王雪梅：《中国跨国公司国际融资研究》，硕士学位论文，武汉理工大学，2006年。

王宗军、杨萍：《企业自主技术创新风险的影响因素研究》，《技术经济》2008年第4期。

魏春兰：《浅析折算风险对企业财务的影响》，《财会月刊》2001年第14期。

魏龙：《国内民间资本参与"一带一路"基础设施建设研究》，硕士学位论文，广西师范学院，2016年。

温来成、彭羽、王涛：《构建多元化投融资体系服务国家"一带一路"战略》，《税务研究》2016年第3期。

文雷、张淑惠：《"丝绸之路经济带"的税收协调问题》，《税务研究》2015年第6期。

吴建功：《企业跨国经营财务风险指标体系问题探讨》，《金融经济》2017年第12期。

吴涧生等：《以命运共同体理念推进和引领"一带一路"机制建设》，《中国发展观察》2017年第22期。

吴晋：《跨国公司金融需求与银行服务对策》，《中国高新技术企业》2008年第7期。

吴来桂：《中国企业对外直接投资经营风险研究》，硕士学位论文，湖南大学，2009年。

吴敏慧：《我国企业国际贸易外汇风险现状分析》，《商业文化》（下半月）2012年第9期。

伍晓光、孙文莉：《区域经济一体化协定、异质企业与跨国公司内生边界——基于"中国—东盟"自贸区背景的研究》，《国际经贸探索》2014年第10期。

武仕桧：《中国如何更有效地参与"一带一路"投融资机制建设》，

《经济纵横》2018年第26期。

习近平：《"中国发展新起点 全球增长新蓝图——在二十国集团工商峰会开幕式上的主旨演讲"》，《人民日报》2016年9月4日。

向冰洁：《人民币升值趋势下我国跨国企业外汇风险管理研究》，《现代商贸工业》2010年第15期。

向东等：《国有控股、战略产业与跨国企业资本结构——来自中国A股上市公司的证据》，《金融研究》2015年第1期。

肖智润：《论企业信息化项目的风险及其管理》，《工业技术经济》2007年第10期。

协天紫光、张亚斌、赵景峰：《政治风险、投资者保护与中国OFDI选择——基于"一带一路"沿线国家数据的实证研究》，《经济问题探索》2017年第7期。

谢作渺、张红娟、姚勇：《企业技术研发风险的影响因素与评判工具》，《生产力研究》2007年第21期。

熊小奇、凌娅：《跨国公司技术风险管理新动向》，《现代经济探讨》2003年第2期。

熊玉晖：《新阶段我国跨国公司财务风险管理研究》，硕士学位论文，南昌大学，2007年。

徐德辰：《跨国经营的国际比较研究》，博士学位论文，吉林大学，2005年。

徐敦鹏：《浅析中资银行对在华跨国公司的金融服务策略》，《天津市职工现代企业管理学院学报》2005年第1期。

徐嘉：《中国海外承包工程企业融资方式的分析》，硕士学位论文，对外经济贸易大学，2016年。

徐莉：《中国企业对外直接投资风险影响因素及控制策略研究》，博士学位论文，山东大学，2012年。

徐振东：《跨国投资中的风险互动关系》，《经济管理》2000年第8期。

许广安：《"走出去"企业海外公司外汇管理初探——基于一带一路沿线国家的实践》，《中国总会计师》2018 年第 5 期。

许晖、姚力瑞：《企业国际化进程中国际风险变化特征识别研究》，《经济经纬》2006 年第 6 期。

许然：《"一带一路"背景下中国企业对孟加拉国投资风险研究》，对外经济贸易大学，2016 年。

闫海峰、彭晨：《"一带一路"建设背景下跨国金融服务的挑战与对策》，《河北大学学报》（哲学社会科学版）2018 年第 2 期。

严莉萍：《西方跨国公司资本结构对我国跨国公司融资战略的启示》，硕士学位论文，上海海事大学，2007 年。

杨庆、黄丽华：《信息技术风险及其管理》，《合肥工业大学学报》（自然科学版）2003 年第 S1 期。

杨挺、李志中、张媛：《中国经济新常态下对外投资的特征与前景》，《国际经济合作》2016 年第 1 期。

杨挺、魏克旭、喻竹：《中国对外直接投资新特征及新趋势——创新对外直接投资政策与实践的思考》，《国际经济合作》2018 年第 1 期。

叶平娟：《"一带一路"背景下我国对东南亚直接投资的风险防控研究》，硕士学位论文，中共上海市委党校，2018 年。

叶忠航：《我国进出口型企业外汇风险管理的对策解析》，《经贸实践》2018 年第 4 期。

易波：《中国参与国际金融治理的路径研究》，《贵州社会科学》2016 年第 12 期。

《易纲宣布进一步扩大金融业对外开放具体措施、时间》，中新网，2018 年 4 月 11 日，http：//www.chinanews.com/fortune/2018/04 - 11/8488108. shtml。

阴医文、王宏新、张文杰：《"一带一路"背景下我国对中东直接投资：战略意义、政治风险与对策》，《国际贸易》2017 年第 4 期。

殷琪、薛伟贤:《中国在"一带一路"生产网络中产业转移模式研究》,《经济问题探索》2017年第3期。

尹钧惠:《利用金融创新优化跨国公司财务管理》,《现代财经:天津财经学院学报》2003年第9期。

尹明:《外币折算新准则对会计核算实务影响的分析》,《中国外汇》2007年第1期。

应迪庆:《中国企业汇率风险与规避机制研究》,硕士学位论文,浙江大学,2007年。

应樱:《跨国公司财务管理水平分析——以海尔集团为例》,《财会通讯》2014年第17期。

余帆扬:《"一带一路"战略布局的跨文化阐释研究》,硕士学位论文,西华大学,2017年。

袁佳:《"一带一路"基础设施资金需求与投融资模式探究》,《国际贸易》2016年第5期。

袁玥:《人民币升值下外贸企业外汇风险的管理策略》,《经管空间》2011年第11期。

苑全玺、于永达:《亚投行——中国参与国际金融体系改革的新探索》,《辽宁师范大学学报》(社会科学版)2016年第5期。

岳殿民、曹彦栋:《外币折算方法选择与折算风险浅探》,《财会月报》2007年第4期。

湛爽:《"一带一路"沿线国家政治风险对中国对外直接投资的影响研究》,硕士学位论文,西北大学,2017年。

张琪等:《浅析跨国公司客户金融需求与风险》,《中国外资》2011年第10期。

张睿姝:《多边金融机构参与"一带一路"基础设施PPP项目研究》,硕士学位论文,外交学院,2018年。

张伟:《亚投行对国际金融治理的贡献、挑战与发展建议》,《国外理论动态》2016年第11期。

张瑶:《情报交换协定是否能遏制企业的税基侵蚀和利润转移行为》,《世界经济》2018年第3期。

张友棠、黄阳:《企业跨国投资风险预警与区域定位研究》,《财会通讯》2011年第31期。

张兆国:《高级财务管理》,武汉大学出版社2002年版。

赵峰、祖博男、程悦:《跨国企业外汇风险对冲研究述评:动因、方式与效果》,《华东经济管理》2016年第10期。

赵军:《跨国公司财务管理中的风险控制与管理战略》,《中国国际财经》(中英文)2017年第10期。

赵立斌:《东盟在全球产品内分工的地位与跨国公司FDI》,《国际贸易问题》2012年第10期。

赵立斌:《跨国公司FDI与东盟国家参与全球生产网络进程》,《国际经贸探索》2014年第1期。

赵洲:《"一带一路"建设中企业跨境股息的预提税再协调研究》,《河南师范大学学报》(哲学社会科学版)2018年第1期。

郑蕾、刘志高:《中国对"一带一路"沿线直接投资空间格局》,《地理科学进展》2015年第5期。

《中国经济总量突破80万亿元》,人民网,2018年1月19日,http://finance.people.com.cn/n1/2018/0119/c1004 - 29773780.html。

周佳胜:《离岸公司国际避税法律规制问题研究》,《法制与经济》2018年第6期。

周寅猛、付诗涵、庄鹏冲:《从"理论驱动"到"问题驱动"——中国企业国际化战略的研究范式转变》,《中央财经大学学报》2012年第12期。

朱敏:《"一带一路"沿线国家公司所得税政策及税务筹划》,《现代经济信息》2018年第1期。

朱小红、张涛:《高新技术企业风险的模糊评价模型研究》,《工业技术经济》2006年第6期。

朱小雪：《"一带一路"文化外交问题研究》，硕士学位论文，湖南大学，2017年。

Clare, G., Gang, I. N., "Exchange Rate and Political Risks, Again", Departmental Working Paper, Rutgers University, Department of Economics, 2010.

Kobrin S. J., "Political Risk: A Review and Reconsideration", *Journal of International Business Studies*, 1979, 10（1）.

Lee, Solt., "Economic Exposure and Hysteresis: Evidence from German, Japanese and U.S. Stock Returns", *Global Finance Journal*, 2001（12）.

Marston, "The Effects of Industry Structure on Economic Exposure", *Journal of International Money and Finance*, 2001（20）.

Martin, Maurer, "Transaction Versus Economic Exposure: Which Has Greater Cash Flow Consequence?" *International Review and Finance*, 2003（12）.

United States General Accounting Office, "Information Security Risk Assessment: Practices of Leading Organizations", Government Accountability Office Reports, 1999.

Richard Cooper, *The Economics of Interdependence: Economic Policy in the Atlantic Community*, NewYork: Mc Graw Hill, 1968.

Silvestri, A., Arena, M., Cagno, E., et al., "Enterprise Risk Management from Theory to Practice: The Role of Dynamic Capabilities Approach—the 'Spring' Model", *Quantitative Financial Risk Management*, Springer Berlin Heidelberg, 2011.

Srinivasulu, "Strategic Response to Foreign Exchange Risks", *Columbia Journal of world Business*, 1981, 16.

Steven T. Walsh, Jonathan D. Linton, "The Competence Pyramid: A Framework for Identifying and Analyzing Firm and Industry Competence", *Technology Analysis & Strategic Management*, 2001, 13 (2).

Stulz Williamson, "Identifying and Quantifying Exposures", *Corporate Risk Strategies and Management*, 1996 (8).

后 记

历时两年，在中国—东盟区域发展协同创新中心理事会领导的深切关怀下，经过全体编写人员的共同努力，《"一带一路"与跨国公司金融管理》行文至此，收获颇丰，不日将出版。作为"一带一路"研究文库系列的首发，我们心潮澎湃。回顾这几年的研究历程，其中的艰辛非三言两语可尽述。其中有过混沌迷茫、跟跄跌撞的困惑，也有思如泉涌、灵感乍现的从容，但全体编写人员始终秉承着在学术领域不断探索和追求的崇高态度，为之增辉添彩。

《"一带一路"与跨国公司金融管理》全面客观地探究了"一带一路"倡议下跨国公司的发展趋势，以及对世界经济格局的影响。"一带一路"是新时代中国跨国公司产生和发展的重要机遇，跨国公司也是加强中国与"一带一路"沿线各国互联互通伙伴关系和加强务实合作的重要主体。"一带一路"倡议下中国的跨国公司积极走出国门，对于促进世界经济更加开放、包容和可持续发展，践行人类命运共同体理念，重塑世界经济新秩序，开创世界经济开放、包容和可持续发展的新局面、新时代具有重要意义。

编写《"一带一路"与跨国公司金融管理》对我们来说是一项全新的事业。我们对它有着破茧成蝶的期待和征服险峰的热情。值得欣慰的是，每迈出一步都得到诸多来自海内外同行学者的大力助阵，与他们的交流和切磋让我们受益良多。本书由范祚军教授拟定研究提纲并明确工作任务，唐文琳教授、潘永教授、谭春枝教授等参与研讨，

后　记

具体研究由陈瑶雯博士组织实施。在此，我们向所有为《"一带一路"与跨国公司金融管理》提供帮助的单位和个人表示衷心的谢意。特别是多次邀请相关专家来广西大学做学术交流，每年举办的中国—东盟金融合作论坛都把该内容作为主要会议议题。中国社会科学院张蕴岭教授、王玉主教授，中央财经大学李健教授、李建军教授，南开大学佟家栋教授、刘晨阳教授，南京大学范从来教授、张二震教授，对外经济贸易大学林桂军教授，中国人民大学汪昌云教授等学者作为嘉宾参加了专题研讨或论坛。通过这些学术交流，编写组成员们受益匪浅，不仅快速深刻地了解本领域的前沿动态，而且迸发了研究思路和创作灵感。

　　通过编写组成员不畏艰辛、夜以继日的工作，2019年4月4日整体完成了对《"一带一路"与跨国公司金融管理》的研究和编写。大家兢兢业业、和和睦睦地团结在一起工作，让我真真切切地感受到大家生活的自律和未来的学术潜力。这种精神体现了一种由内而外散发的生命力，让我看到了学术界年轻的"希望"。在此，我们要对所有参与编写工作的成员表示由衷的感谢，他们是：姚云风、潘丹丹、李雪、盆凌宸、周泽奇、黄志敏、周红梅、曹晓彤、刘晓臻、徐静怡、张波、张正华、刘晖、何欢、李琳、文璋……

　　"繁霜尽是心头血，洒向千峰秋叶丹。"科研创新之路，漫长艰辛，需要勤奋、积累、传承。唯有潜心耕耘才有收获，我们将继续坚守初心，锤炼意志，努力为科研事业提供源源不断的"正能量"。